许 敬————著　中国基金博物馆————策划整理

无序时代的资本冒险
金融是本故事书

2016年·厦门

目 录

01 传说与真相：金融巨头的故事　　1

周学熙：现代中国金融业的奠基人　5

> 自1912年7月担任财政总长以来，周学熙一方面举行"善后大借款"的筹措工作，和列强银团唇焦舌敝地反复折冲，另一方面连续向国会提出了三个财政税收方面的一揽子改革方案，意图从根本上解决中国的财政问题，并使得财税制度开始现代化。

孔宋豪门手中的法币改革　11

> 宋老太太满面春风，一手扶着大女儿宋霭龄，一手搀着小女儿宋美龄，后面紧跟着儿媳张乐怡。刚参观过大女婿实业部长孔祥熙在上海南市举办的国货展览会，又前来参观小女婿蒋介石授印、大儿子出任总裁的中央银行开幕典礼礼品展览。

金融功臣孔祥熙　21

> 八年抗战时期，中国政坛以蒋介石和他最为重要。前者以军事带动政治，负责全盘政略，后者以财政带动行政，负责经济战略。孔祥熙的成就可以用一个数字对比来说明。根据中央银行的档案记录，

在抗战爆发前夜的1937年6月，中国政府拥有的金银外汇储备总额为三亿八千万美元，其中黄金四千五百万美元；而到1945年7月抗战胜利前夕他辞去所有职务的时候，国库拥有美元九亿，黄金六百余万两，合计金银外汇储备十二亿美元。

"红顶商人"胡雪岩　37

靠着时局的因缘际会，胡雪岩得以结交两任浙江巡抚，前者王有龄使其发家，后者左宗棠使其扬名，但最后竟然以几千万两白银身家和头品红顶花翎的地位从人生极高处轰然倒塌，在出租屋中了此残生，且身败名裂，成为朝野商民一致质疑取笑的对象。

人弃我取的乔家商道　51

乾隆二十年（1755），发了大财的乔贵发开设了商号"广盛公"，是当地第一大商号。这商号后来改名为"复盛公"，此后两百年来，一直是乔家的基础产业，也是包头的核心产业。至今此地还有"先有复盛公，后有包头城"的说法。

史上"第一巨贪"和珅：传说与真相　63

君权和相权之争的政治原因，才是和珅殒命的关键因素。和珅固然贪腐，其贪腐也对清朝的政治局面和社会风气造成了不可逆的伤害，但这绝非他被杀的主要原因。清朝的问题在此时已经积重难返。

官场中的商人：穆藕初的另类实践　75

四年以后，穆藕初的工商业务毫无起色，却被国民党征召，担任了国民政府的副部长一职，由破产富商乃一跃为当轴高官，直具传奇色彩。穆氏总觉得如此飞黄腾达似乎有赖于当年谈养吾指点之力，于是每月给他五十元津贴，以备时时咨询。

02 传承与商道：金融豪门的故事　　91

洞庭东山的金融豪门：席氏家族　96

1874年，席正甫远赴天津，代表汇丰银行和清廷直隶总督兼北洋大臣李鸿章洽谈借款事宜。清廷以盐税为担保向汇丰借款两百万两，年息八厘，还款期十年。这就是著名的"福建台防借款"。这是汇丰银行对中国政府进行政治借款的开始，也是外资银行支持中国自强运动的开始，更是席正甫获得李鸿章等清廷重臣赏识和信任的开始。之后李鸿章一直要求席正甫入朝为官，被席反复婉拒，最后接受了个二品衔红顶花翎才作罢。

隐形富豪：程氏家族　108

二十年代以后，"三联号"的管理和业务全部交给宁波慈溪人秦润卿全权负责，程家子孙全然退出金融圈，成为所谓的"隐形人物"，目前甚至连历史资料都很少。

苏州的金融世家：贝氏家族　116

当时敏锐的贝润生就通过德商洋行谋得了该染料在中国地区的行销代理权，并给这种更为鲜艳耐久的化学染料取了个流传至今的译名——阴丹士林。这种产品销售量之大、应用面之广，以致民国时期将所有蓝色的旗袍、大褂、布袍都称为"阴丹士林布"，而这一切的源头，就是贝润生。

03 冒险与财富：上海滩的金融故事　　127

老上海的商帮和银行　131

1911年11月3日下午，上海革命爆发，为减少无辜伤亡，陈其美赤手进入江南制造局劝说固守的清军放下武器，却被拘禁，危在旦夕。正在这群龙无首的当口，沈缦云痛哭陈辞，一时间群情激奋，士气高涨，千余名商团战士通宵猛攻江南制造局，终于在黎明攻克这个清军在上海最后也是最重要的堡垒，上海光复，沪军都督府成立。

上海滩的金融家们　144

1914年一次世界大战爆发，洋行大班回国效力，整个洋行事务就全权交予程谨轩打理。他生意越做越顺，本来在洋行就有了丰富的资金和人脉积累，后来又设立"程谨记"房产公司。程家当时赫赫有名，据说房产总值六千万两白银，每月租金就有十万两。上海滩传说的"金刚钻老太太"指的就是程谨轩的妻子，因为她的旗袍上镶满了钻石。

上海滩华人帮会百年沉浮录　155

方法论大于世界观。既然帮会已经消解了其来自底层的粗鄙和暴虐，那么，当初产生的由头和能量已经不复存在，从社会学意义上来说，正是杜月笙自己一手消灭了青帮。吊诡之处正在于此，由不是青帮门徒的黄金荣开创的青帮时代，被青帮门徒杜月笙亲手结束。

04 饮食男女：街面上的金融故事　　165

中国"食神"：冼冠生　168

1915 年，冼冠生正在上海老城厢一个叫"九亩地"的场所摆摊儿，因为那里开了家叫"新舞台"的戏院。和往常一样，冼冠生的生意并不好，百无聊赖间，他捡起一张路人丢弃的报纸，上面的一则"豆腐干"新闻彻底改变了他的命运。

舌尖上的金融：从苏州松鹤楼说起　179

没多久，松鹤楼的生意损失了一半还不止。张之钧终日愁眉苦脸。但不久，他就想出一个绝佳的广告桥段——用苏州评弹来推广企业。他找到了在牛角浜的说书先生范玉山，让他想个办法。范老先生见多识广，就问张，松鹤楼始创于何时？其实只知道是乾隆年间，而不知道具体年份。范老先生当即就有了主意，既然清朝乾隆皇帝曾经六下江南，那说不定曾经来松鹤楼吃过面，甚至有一段故事呢？于是，没几天，范老便编了一个故事"乾隆大闹松鹤楼"，插在他一直说的评话《乾隆皇帝下江南》里。

附录：中国近代金融史纲　　191

出版后记　　206

01

传说与真相：金融巨头的故事

周学熙：现代中国金融业的奠基人
孔宋豪门手中的法币改革
金融功臣孔祥熙
"红顶商人"胡雪岩
人弃我取的乔家商道
史上"第一巨贪"和珅：传说与真相
官场中的商人：穆藕初的另类实践

导言

旧时代的人非常看重自己的姓名,因为这是父母所赐,不可更改,按照当时的礼法,只有入赘作招女婿,姓名才可以(也必须要)全部换掉。但事实上并非完全如此。比如民国时期的抗日名将薛岳,本名叫"薛仰岳",但年轻做士兵的时候,长官将他姓名当中那个"仰"字漏写,于是他将错就错,从此以"薛岳"传世。这样的例子非常多,曾任清末两江总督、两广总督的周馥也是如此。周氏是安徽东至人,少年时代正逢洪杨之乱,家乡被太平军逼近,在外出逃难之前,家里人怕他从此不再回故乡,因此将他名字改为"復",期待他早日还乡的意思。后来他进了李鸿章的幕府做文书,李氏在写给他的文书中将他的名字笔误为"馥",从此他就索性改名为"周馥"了。

这其中的原因没人研究过。我曾猜想,中国古代的权威顺位分别为"天地君亲师",天地是虚悬一格,就现实层面而言,"君"要比"亲"更重要。清末王纲失坠,豪强纷起,居于上位的长官便是他们的小君主,其威权效力还是要高于父母的尊严。因此长官为自己改名(哪怕只是笔误),都是可以和必须接受的。

当然,以上只是我的胡思乱想,但却引发了一些思索。事实上,从清末到民国初年,一层层官员的选拔,并非必须通过皇帝的遴选或者中央政府的考试,而是由权贵从自己属下的幕僚、偏将中推举上报,只需取得中央名义上的批准而已。在这个意义上说,长官的确比皇帝更重要。就这样,从曾国藩开始,一个个势力集团在某些代表性人物身边逐渐形成,从军事延伸到行政,从行政延伸到财政,最后或干预政治,或割据地方,无论其利其害,是福是祸,从洋务运动发轫,乃和民国相始终。

由于中国从来不是真正的市场经济国家,因此无论是研究经济还是金融,都必须把政治因素计算在内。甚至也必须把我们所研究的财经专家、金融家与当时权贵、军阀的私人关系计算在内。不过这倒是有利于我们讲金融的故事,人物关系带出的种种传奇总要比枯燥的数据和图表来得更加引人入胜。

周学熙：现代中国金融业的奠基人

京师自来水公司

这要从袁世凯升官讲起。袁氏是中国这一百年来最重要的政治人物之一，因为他复辟帝制而背叛共和，以致成了历史上一位反面人物。但在称帝这个荒唐举动之前，他一直是个精明强悍并踏实办事的优秀人才，尤其是对于清末新政作出了重要贡献，是中国现代化进程中一个不可或缺的英雄。

甲午战败尤其是庚子事变以来，以慈禧太后为代表的清廷统治者痛定思痛，决定对政治体制、军事体制和行政体制、司法体制进行大规模改革。但是海外革命党"驱除鞑虏"的呼声在国内激起的反响毕竟引起了满洲权贵的疑惧。更重要的是，作为各地督抚的汉族大臣虽然表面上仍听命于朝廷，行政权、财政权和军事权却越来越大，已经俨然藩镇，1900年义和团事变中的两江、两广、湖广、闽浙等总督的"东南互保"就是个显然的例证。此次行动的参与者就有袁世凯，当时他是山东巡抚。第二年李鸿章去世后，他接任直隶总督兼北洋大臣，并开始训练新式军队，这就是北洋军的发端。

我们现在已经无法判断慈禧对袁氏的真实想法，事实是，1907年袁世凯被任命为军机大臣兼外务部尚书，进了中枢地位当然更高，但手上的实权却失去了。不过至少表面上，慈禧还是和袁世凯非常亲密，经常召他进颐和园商量国家大事。有一天，两人正在对答，一个小太监进来和站在墙角的李莲英悄悄地说了几句话。慈禧此人多疑，便好奇地问他们说什么，李莲英连忙上奏，说紫禁城中的绸布库房着火了，幸好已经扑灭，没造成重大损失。于是慈禧随口问了一句："袁世凯，你有没有防火的办法？"

袁世凯本来就头脑机敏且勇于任事，当场他就提了个方案，就是在京师开办自来水公司，并派他最信任的理财专家周学熙主理此事。当时，北京人生活用水的获取状况很不理想。皇宫和达官贵人都从玉泉山取水，普通百姓要么打井，要么买井水。北京的地下水含碱量很高，喝井水的普通人家的容器中都结满了白垢，很不利于健康。因此即使从民生角度来看，开办自来水公司也是必需的举措。

之前农工商部早就在筹划此事，就是因为经费严重不足才一直拖延。袁世凯已经不再是地方大员，当然也拿不出钱来开办。周学熙毕竟有着丰富的财经和金融经验，他找到了一条解决之道，那就是发行股票。京师自来水公司是中国人创办的第一家自来水公司，而这张股票也是北京第一张股票。

北京当然不是水源丰富的地方，因此这项工程共铺设管道一百八十五公里，用了四百二十处水龙头，并且在东直门修建了五十二米（相当于二十层楼）高的水塔。这要很多钱，经测算，总额需要白银三百万两之多，而这些钱，必须完全从发行股票中获得。这使得周学熙遭到了前所未有的困难。

当时一般普通百姓的投资概念是有了钱就买房置地，很少有人会花重金买一张前途莫测的纸片。于是，周学熙只能动用他在天津开设的官银号作担保。天津官银号是1902年袁世凯担任直隶总督兼北洋大臣时命周学熙创办的，实质上就是官办的天津银行，由这家银号担保，老百姓就放心了，股票的购买开始踊跃。从这个意义上来说，京师自来水厂的股票还具有债券的性质,因为天津官银号担保每年八厘的利息,自来水厂赚了钱还要享受分红。但是官银号本身也没有吃亏,因为它成了这张股票的经销商。股票通过银号不仅在北京、天津两地发售,还推向了全国的各大商埠,最远的行销地是汉口。

即使通过发行股票筹到了开办费用,周学熙的麻烦才刚刚开始。正常工程的艰难且不去说它,管线虽然深埋在地下,但开掘地面的时候还是会引起当地村民的不满,尤其是路过坟墓的时候,老百姓会认为破了风水而和施工队大起纠纷。而且施工期间正逢慈禧太后和光绪皇帝同时去世,国葬期间还不许施工。此后的麻烦就更大了。溥仪上台以后,袁世凯被摄政王开缺回籍,周学熙在朝中的后台倒了。经过不到两年的建设好不容易自来水厂终于产水、通水、出水,但接下来的事是老百姓又充满了不信任,不愿意买水。

皇宫里的满洲亲贵是不屑于用自来水的,老百姓也不用,因为他们认为水龙头里出水看着很古怪,不吉利。如果龙头里冒气、冒泡的话,老百姓就更排斥了。周学熙只能亲自上阵,写了很多科普文章宣传说服,就这样,自来水才在北京慢慢推广开来,逐渐成为民生之必备。

1947年,也就是自来水公司创办四十周年之际,当时的北平市政府应市民要求,表彰了创办人周学熙。周氏当时已经八十三岁了,听到消息非常感动和激动,还特意写了两首诗感谢这次表彰。事情没过多久他就去世了,有人说,他是带着满意和安慰的心情离开人世的。

周学熙和袁世凯

周学熙是贵公子出身,他的父亲就是我们前文提到的周馥。李鸿章在和太平军作战的时候,周馥投身他的大营下做个文书,之前只是在大街上摆算命摊的。周馥有一个长处,就是书法非常好。有一天李鸿章翻阅文件，偶然发现其中的一份字迹特别工整清丽，一问之下，写字人叫周馥，于是李鸿章就常把此人带在身边，逐步培养，直到他成为直隶布政使。李鸿章去世后，袁世凯接替了其直隶总督兼北洋大臣的位子，而袁氏留下来的山东巡抚的位子由周馥接任。此时，他的儿子周学熙正在帮袁世凯开办山东高等学堂。

周家和袁家是世交。1868年，十岁的袁世凯跟随叔父袁保庆来到南京，认识了三岁的周学熙。在随后的两年内，袁保庆和周馥是两江总督府的同僚，袁世凯和周学熙也成了要好的玩伴。1894年中日甲午战争爆发，李鸿章命令周馥负责前敌营务处，并命令袁世凯前去协助，这是两人共事的开始，后来还结了儿女亲家。1899年，袁世凯出任山东巡抚。在此期间，考取举人的周学熙却科场困顿，再无长进，遂心灰意懒，想在实业上重开一片天地，于是在1901年投奔袁世凯，开始了两人长达十五年的事业合作。

1912年初中华民国的成立，将袁、周两人的合作期一分为二。前一时期袁世凯作为清廷的重要官员，戮力于直隶乃至北洋地区（如今的京津两市，还有河北、山东、辽宁三省）的工业、财经、金融建设，周学熙襄助甚多。比如我们刚才说到的天津官银号、京师自来水公司和山东高等学堂、直隶工艺总局的设立，还有启新洋灰公司的创办，都是由袁世凯支持，周学熙操办的。

袁世凯擅长政治、军事和人际关系方面的运筹，经济层面终非强项。但一切经营终究以工业、财政和金融为基础，所谓"实业救国"，民生不立，一切都是空谈。这方面就需要周学熙这个财经专家的鼎力相助了。两人名义上是上下级关系，实质上是合作伙伴甚至是朋友。1909年初袁世凯被逼下野，隐居于河南家乡。第二年三月份，周学熙的父亲周馥已经七十五岁高龄，还以亲家的身份长途跋涉去祭拜袁氏祖坟，周学熙也从北京赶去会合，父子两人一共在袁世凯家住了十天，相谈甚欢。

如此殷殷情意对于下台失势的袁世凯而言无疑是心理上的雪中送炭，也证明了周、袁两家的友谊经得起时间和时局的考验。

辛亥革命胜利后，1913年3月，袁世凯在北京就任中华民国临时大总统，并于1913年10月被第一届国会选举为正式大总统，但压力非常之大。先不说国民党在政治上的挑战和地方势力在军事上的挑战，新生的中华民国首先要面对的是财政上的困窘。清廷原本没有公共预算的理念和举措，到了1911年，才根据当年的收支情况编制了第二年（即宣统四年）的国家财政预算案。从中我们可以看出，当时清廷的中央财政收入为一亿九千万元，其中92%来自全国各省的财政上缴。而事实上，整个1912年中央财政收入只有三千万元不到，且军费膨胀，入不敷出，就连一向忠诚有序的北洋军也开始闹饷哗变，在京师重地纵火抢劫。

此时，袁世凯想到了他长久信任的财政专家周学熙，在1912年7月任命周为财政总长，主要负责对外借款事宜。这场所谓的"善后大借款"曾经遭到过广泛的攻击，但以今日之眼光来看，我们也想不出，以袁世凯当时的处境，如不低头向列强借钱，还有什么其他办法能够迅速挽救财政危局？让老朋友从事这项工作，袁世凯是把周学熙架在火上烤。周氏遭到了舆论的广泛攻击，清誉受损。第二年四月份借款成功签字，他也黯然辞职了。

这项向列强借款在心理上起到了激励作用，在技术上起到了杠杆作用，是北京政府起死回生的关键。从此北洋的财政状况开始好转，到1915年，财政收入已经上升至一亿三千万元。

中国财税制度的奠基者

自1912年7月担任财政总长以来，周学熙一方面举行"善后大借款"的筹措工作，和列强银团唇焦舌敝地反复折冲，另一方面连续向国会提出了三个财政税收方面的一揽子改革方案，意图从根本上解决中国的财政问题，并使得财税制度开始现代化。周学熙认为，清朝的税收体制有三大弊病，那就是穷人纳税繁多；富人反而不纳税；地方截留严重。就此，周学熙设计了一个中央和地方两利的财政体系和纳税方案，但还未及施行便匆匆下野了。

1915年4月，周学熙被再次征召出任袁世凯政府的财政总长，才开始有时间、有精力推广他的一系列制度设计。他首先设立新的财政管理体系，明确清晰地划分了国税和地税的区别；同时将盐务直属于中央；然后整理田赋，公平丈量。他的这些举措开始了中国税收体制的新时代，被中华民国历届政府所沿用。

孔宋豪门手中的法币改革

1928年11月1日，中央银行正式于上海成立。在回忆起当年开幕典礼的时候，后人不无嘲讽地写道：

> 宋老太太满面春风，一手扶着大女儿宋霭龄，一手挽着小女儿宋美龄，后面紧跟着儿媳张乐怡。刚参观过大女婿实业部长孔祥熙在上海南市举办的国货展览会，又前来参观小女婿蒋介石授印、大儿子出任总裁的中央银行开幕典礼礼品展览。

文中的"宋老太太"当然就是倪桂珍。她的丈夫是著名传教士宋耀如，国民党元老，也曾是孙中山的金主之一和财务主管。1928年的确是倪氏最为志得意满的年头。她有三个儿子，其中两位还在上学，但大儿子宋子文已是财政部长兼央行总裁。她有三个女婿，大女婿孔祥熙任工商部长（后任实业部长）；二女婿孙中山去世不久，开始被尊为"国父"；小女婿蒋介石则是国府主席，是握有军政实权的国家元首。

这场以蒋氏为核心，以孔宋为两翼的人事安排，标志着国民党豪门政治的正式诞生。此后近二十年间，中国的财政大权基本由孔宋二人掌控。如此以裙带关系固结的政经同盟，给予蒋氏政敌以源源不绝的攻击说辞。但客观考察这一段历史，我们能够发现，因为仅用两年，国民政府由东江一隅而猝然占领全国，缺人才、缺经费，是其面临的最大麻烦。所以，蒋介石如此任人唯亲，似乎也可以理解。

蒋介石与上海金融界

国民党向来以"革命党"自居，尤其重视军事和党务人才，对于财政吸纳，总是以募款为主，不太注重长久有效的经济管理。事实上，国民党也一直缺乏稳定的根据地，所以很难吸引金融人才前来效命。1924年孙中山"联俄联共"，好不容易在广州有了一方喘息之地，对于高级官员的选择，也只能简便为之，任命自己能够信任、而又愿意效忠的两位亲戚来主管财政，他们就是孙的妻舅宋子文和襟兄孔祥熙。

孔宋虽然后来声名赫赫，但当时基本没有财政金融经验。当时，从事财政工作，重点并非在于管理能力，而是能否与金融界要人保持紧密亲切的沟通上。这一点，孔宋二人相当欠缺。不过，当时孙建立的"广州革命政府"仅仅是政令不出珠三角的地方政权，尚无需盱衡全国的财经形势。

二十世纪二十年代的中国经济，呈现出非常奇特的割裂现象。一方面，由于欧战爆发和俄国革命，欧洲对于中国丝茶等农产品的需求直线下跌，两湖江浙的农业逐年萧条乃至凋敝；另一方面，同样由于欧战，列强在中国的工商投资和消费品输入也大幅度降低，由国人举办的现代制造业和现代银行业开始蓬勃兴起，上海成为亚太地区最重要的金融中心，无论大阪还是香港，都远远无法与之比肩。

二十世纪二十年代，中国的两大国有银行——中国银行和交通银行的经营重心也已转移至上海。由于商股不断注入，导致官股微乎其微，北洋政府事实上已经失去了对这两家银行的控制。民营银行以所谓的"南三北四"为代表，立足上海，辐射江浙，连横京津，成为现代工业和房地产业的资金蓄水池，有着愈发显著的社会美誉度和经济信任度。

无论北洋政府还是地方实力派，对于上海金融界总不敢予取予求。上海的银行家们在政治上受到租界治外法权的保护，这是其一；更重要的是，上海滩的金融业呈自由竞争态势，万一民营银行受到当局压迫，其金融信用就会崩溃，那么无论储户还是业务就会流向外资银行。大局如此，这种杀鸡取卵的蠢事，任何正常的政治家都不会尝试。

上海的金融家的构成比较简单。上海开埠以来，尤其是太平军横扫江南的时候，苏州、宁波的富商流亡沪上，以旧式钱庄为业。其中有一批善于学习并目光远大的年轻人逐渐进入外资银行和洋行，从推销产品的"跑街"起步，最终成为买办，进而以家族名义投资金融业。他们是上海滩的老派人物，其代表为席正甫、虞洽卿。

甲午战争以清廷的惨败而告终，1895年后留东学子络绎于途，其中，有许多人的名字在中国近代史上熠熠生辉。他们在日本大部分加入同盟会，但回国后的经历各有不同。比如钱新之在辛亥革命后即疏远了国民党，转而为张謇效力，后为"北四行"在上海经理业务；也有的学子在日本就亲近康梁保皇党，比如张公权，因此梁启超任北洋财政总长的时候，命他主管中国银行事务。这些人即是上海银行界的新派人物。

要想取得上海金融界的支持，无非是和上述新老两派金融家建立互信，保持共信。1927年初，国民党北伐军饮马长江，必须和沪上各界接触以寻求其支持的时候，问题就来了，因为无论宋子文还是孔祥熙，似乎都无法完成任务。

孔宋都是留美学生，与留日学生素无交集。孔氏回国后，一直在山西太谷服务于桑梓教育事业，和上海金融界极少往来。宋氏倒是在沪上任职五年，但职务不高。而且他回国的时候，其父宋耀如已经去世，家族的人脉余绪已经散去，没有对他事业有多少帮助。孔宋二人与上海滩银行家们既缺乏历史关系，又缺乏人际信任，国民党介入金融界的愿望，看来无法达成了。

正在这彷徨关头，倒是作为军事领袖的蒋介石解决了这一难题。

二十世纪二十年代初期，蒋氏曾在沪上从事证券交易，一面为孙中山筹集革命经费，一面也为自己的事业开拓新的路径。这场尝试以失败而告终，使得蒋氏对于自由市场体系及金融业人士终身都非常厌恶，这是后话。但这段不长的从业经历也使得他结识了虞洽卿等几位宁波老乡，并保持着亲密关系。1926年夏天，国民党军刚刚准备挥师北进，虞就派自己女婿去广州拜访总司令蒋介石，一探虚实之余，确认蒋氏对于江浙资产阶级的善意和诚意。其后，虞简直成了蒋在上海的代理人，竭力说服满心疑虑的外国领事和沪上金融家，要求他们同样信任和支持蒋介石。

北伐军抵达上海后，银行界愿意承销"江海关二五附税库券"，为蒋氏政权输血达七千万银元之巨，与虞洽卿的折冲调和大有关系。除了这些老派人物的支持，新派人物钱新之也因为与蒋氏的历史渊源，愿意投身国民党政府。钱与蒋介石年龄相仿，辛亥革命时曾一起任职于沪军都督府，关系良好。十五年后重逢，决意继续支持蒋的事业，遂加入南京政府任财政部次长，成为蒋氏与上海金融界沟通的最重要的桥梁。

但是，军国大事，既在税收和公债，也在财政整理，更在规划今后的金融发展方向。新上台的财政部长宋子文做这一切，有点力不从心。

国民党的金融困境

很多年以后，宋子文来到台北拜访蒋介石。郎舅之间已经十四年没见面了，恩怨已消，但意气难平。蒋对宋说道："我这一辈子跟你做的生意，都是赔本生意。"这虽然是玩笑话，但仍可看出蒋对宋的历史评价一直不高。不过，在二十年代末，将宋捧至财长高位，使得其执掌国府财金大权达五年之久的，也是蒋介石的意思。

金融业人士需要长期的技能养成、经验积累和信用培育，而一旦出人头地，其稳定的社会地位和不菲的经济收入，使得此人很难有转行的想法。北洋的政府、军队崩溃，其人才只能流入国民党政府和军队，但金融界人士辗转腾挪，本来就很少倚仗国家力量，如今虽然政权更迭，却并不影响其事业发展，因此对于这个新政权，他们也没有依附性。

所以，蒋介石尽管有诸多不满，但人才匮乏，只能用宋子文来解决燃眉之急。

中国当时财政收入，有三成多用以偿还前清、北洋政府历年欠下的债务，还有三成多则消耗于无穷的战争之中。这七成开销的解决是当务之急，已经使得宋子文左支右绌。所以，他决定从税务统一开始解决问题。

这大概是宋一生中最得意的成绩。关税得以自主，延续七十余年的厘金苛政得以废止，新的盐税、统税制度得以确立，这些都是税务制度现代化的举措，也为蒋介石敉平地方实力派提供了财政支持。财税问题解决的同时，国府决定仍由宋子文操刀，从币制改革入手，由国有资本渗透入银行界，进而统制金融，建立国家金融体系。职是之故，中央银行正式成立，由宋氏兼任总裁，中国的金融改革开始了。

央行成立三个月后，在国民党第三次全国代表大会上，宋子文提出了币制改革的总体思路，即由国家银行（即央行）统一纸币发行权。但要实现这一战略，就战术而言困难重重，"只能徐图整理之策"。

宋氏所言的困难，倒也是实情。就币制来说，中国积重难返。自明代以来六百年都实行银铜复本位制，但国家的铸币权只限于铜钱，对银两交易基本放任。因此，虽然国内大宗交易都用白银，但政府事实上只保持了铜本位制，对贵金属的流通并不过问。

明末，随着大航海时代的来临，海外银币开始大规模流入中国，于是整个清代实行一种十分古怪的货币制度：国家控制铜钱的铸造，民间交易银两和银圆并行，而这两者成色复杂，规制混乱。十九世纪四十年代开始，海禁大开，口岸林立，各国银币的出入额度愈发汹涌，与各种成色银两的兑换方式也日渐复杂，非常不利于国内的贸易结算。

民国成立后，袁世凯决定实行国币制度，暂行银本位币制，铸造银圆，重七钱二分，成色银九铜一，这就是货币史上著名的"袁大头"。在白银流通五百余年后，这是中国历史上第一次出现的法定银币。由于规制、成色的统一，国币一经推出，商民称便，加之国家规定，一切公款出入必须使用国币，由此"袁大头"顺利占据了货币市场的主流地位。

欧战时期，银价腾贵，各种如鹰洋等外来银圆都被熔铸，以每年七百万元的销量流向欧洲。这反而为中国解决了货币统一的难题。从此国币银圆的地位再也难以撼动，而传统银两仅仅作为计算单位而存在，不再是流通货币。

因此，二十世纪二十年代末，国民政府所面临的金融难题，并非"两元并行"，而是国家信用体系的确立、纸币发行权的确立，以及币制本位的确立。但宋子文显然见不及此，其开展的金融改革，连改良都算不上，所谓"废两改元"者，只是再次确认了国币的合法性，并且在制度上废除了以银两为计量单位的结算方式。这种换汤不换药式的举措对于当时的金融进步没有正面帮助，进而言之，中国金融问题的解决，有待于更加剧烈的根本性革命。

1933年4月5日，南京政府训令各界，无论作为现金交易还是结算单位，银两从此停止使用，这意味着"废两改元"正式施行。令人诧异的是，这一政策的设计者宋子文却于同一天宣布辞职。

孔祥熙上台

宋一直自诩是"废两改元"的功臣，其辞职并非是对这一政策不满，而是另有原因。1932年初，汪精卫和蒋介石于杭州烟霞洞会商，为救亡图存计，决定捐弃前嫌，联袂入京，共同应对日军入侵东北以后的国难危局。之后一直维持蒋主军（军委会）、汪主政（行政院）的政治格局。但汪氏为人生性不定，意气用事，遇到复杂局面经常会失去耐心，比如，就在"九一八"一周年之际，因恼怒于张学良不服调度，负气下野。

1933年初，日军攻陷热河，并试图突入长城各口，负责华北军务的张学良引咎辞职。汪觉得挣回了面子，也就回京复任行政院长。在中枢高层，宋子文是张氏的有力奥援，如今张退汪进，宋也不好意思留在台上，只能黯然辞职。

但蒋介石自有安排。"九一八"和随后"一·二八"的接连爆发，使得蒋意识到，日本的大规模入侵已经不可避免，因此国策方针反而一下子清晰明确，在金融上，蒋氏决定对外寻求国际借款，对内整理金融体系。之前，他曾派遣孔祥熙以"考察欧美实业专使"的名义去欧洲洽谈军事合作，一个月前已经回国，正好接手宋子文遗下的职务。而宋辞职后第一个任务即是代表中国政府去美国，参加由罗斯福召集的经济会议，争取华府经济援助。

孔祥熙甫一上台就发现，中央银行建立之初给自己规定的任务，四年以来一点都没有完成。问题在于，宋是哥伦比亚大学的经济学博士，对于财经问题至少还有理论知识，孔虽然也是耶鲁大学的硕士，学的却是采矿。而且和宋一样，孔在以留日学生为主体的上海金融家中人脉不广，生怕推行金融改革时遭到抵制。于是，他想听听老朋友陈光甫的意见。

陈氏于清末留学美国，毕业于沃顿商学院，回国后担任江苏巡抚的财政幕僚。袁世凯秉政后，他辞去公职，独立创办上海商业储蓄银行。草创时期，这家银行规模还不及钱庄，资本微弱，毫不显眼，但经过近二十年的戮力耕耘，到三十年代中期，业绩在国内民营银行中名列前茅。陈光甫也在行内备受尊崇，其人脉之深厚，信用之卓著，已隐然成为"江浙财阀集团"中的领袖人物。

陈孔二人相识于1904年的美国，之后往还不绝，互通声气。陈创办上海银行的时候，孔即是原始股东，并长期担任董事。但国民政府成立后，孔氏负责工商实业，因此与金融界沟通较少。如今他出长央行，经理金融，必须得到陈光甫的支持。

正在此时，国际金融形势发生了绝大的变化。中国的灾难来了。

纸币制度的确立

1933年3月，美国新任总统罗斯福决定向英国、日本学习，放弃货币金本位，并决定以购进白银并将之国有的方式，稀释美元的准备金浓度，以求货币贬值而刺激经济回升。这一做法的直接后果就是全世界的白银都向美国集中，银价高企，市场翻腾。

购银政策伤害最大的，是银本位制的中国。由于白银大量流出，银根抽紧，通货紧缩。中国银行发行的纸币为银圆兑换券，可以无限制兑换银币，因此无法采取货币贬值的方式来使通货膨胀，物价回升。物价低落导致生产乏力，许多工厂倒闭。因为白银外销有着超过二成的利润，因此作为准备金和货币的银圆以每月六千万枚的速度疾速外流，仅上海就有十四家银行因遭挤提而破产。

清末到民国，从十九世纪八十年代开始，中国十几年就有一次金融风暴，而唯一变危为机、化害为利的，只有这次史称"白银风潮"的金融灾难。孔祥熙显现出了一名杰出政治家、金融家的眼光和手腕。

中国银行和交通银行都是清廷设立，原本拥有央行职能，但在北洋时代已经民营化，并因为树大根深，资历悠久，屡屡抵制国民党的金融统制。但这次白银风潮中，两家银行均遭受重创，急需政府支援。一直想将它们收入囊中但不能得逞的孔祥熙突然觉得事情简单了，他当然要扶持这两家银行，但所注入的不是资金，而是股本——代表政府资产的官股。但是，如果强行实施，孔氏担心会遭到江浙财阀集团的激烈抵抗，而最大的障碍便是中行总经理张公权。

张氏也是留日学生，但与众不同的是，他并不亲近同盟会，反而是康梁保皇党人。因此，其与国民党向来关系疏远，对南京政府的金融管制极为不满。行政院长汪精卫也深知内情，特于1935年3月22日致电川黔前线的蒋介石，担心孔祥熙的方针"事先并未征取中交两行张公权等之同意，恐将因此引起风潮"云云。

汪的忧虑极有道理，但他不知道的是，张还是中行上海分行副经理的时候，就与陈光甫关系密切，事实上，中行也是上海银行股东之一。老朋友见面总是容易推心置腹，开诚布公。孔已经委托陈氏向张公权晓以大义，陈说利害，以配合南京政府的金融统制，而挽白银风潮中的中国银行于危局。

由此，孔祥熙利用金融危机以及和陈光甫的私谊，非常轻松地接管了中交两行，并没有引起政经风潮，反而清除了币制改革道路上的最后一块绊脚石。

1935年11月3日深夜，孔祥熙于财政部上海办事处召集会议，向银行界领袖突然宣布白银国有，并由中央、中国、交通三银行发行不兑现纸币——法币。在具体做法上，名义上法币与银圆等量兑换，但各银行可用六成银币加四成票据，向央行兑换十成法币。如此，法币的流动量有了利益驱动力，而币值的合理贬值，使得市面上的通货紧缩一变而成通货膨胀，物价上升，市场回暖，百业复兴。币制改革次年，即1936年成为民国时期经济最繁荣的年份，工业总产值比1927年上升了83.2%之多。

白银国有后，即售予美国政府，换回的外汇对内作为法币发行准备金，对外作为无限制买卖外汇的基金，以稳定汇价，维持国际币信。因此，白银销售这一环尤其重要，简直是法币改革的基础。孔氏就是在得到美国财长摩根索承诺购银的第二天，方才宣布法币改革。但唯恐日久生变，中美之间需要一份长期协议，否则白银滞销的话，会影响整个国家信用体系的确立。中国决定于1936年3月派遣代表团赴华府谈判，孔又想到了陈光甫。

负责购进白银的美国财长摩根索是陈氏在沃顿商学院的同学，也是终身好友。陈并非政府官员，和国民党也素无经济往来，但基于老朋友孔祥熙的重托，以及对于家国的责任感，毅然接受了任务，也完成了任务。直到1941年底太平洋战争爆发而美国全面援华之前，向华府出售白银而换取的外汇，一直是国民党维系抗战的生命线。

孔祥熙在接手财政部的时候，国民政府账面上只有几千万银圆的结余。仅仅三年以后，也就是抗战爆发前夕的1936年6月30日，中国持有的金银外汇总额已经达到3.8亿美元，可见法币改革及与之配套的白银国有政策居功至伟。正如当时日本三菱银行上海分行负责人所言："国民政府的币制改革，在中国经济史上可谓破天荒之事，任何外国的货币改革，其复杂与困难程度诚不能比拟。也可以说是世界上无与伦比的大改革。"蒋介石也认为，"统一币制，实行法币政策，奠定了国家统一与独立的基础"。

金融功臣孔祥熙

1915年秋天，和孔祥熙结婚一年有半的宋霭龄跟着丈夫从日本回国，回到了孔氏家乡——山西省太谷县。对于初到太谷进入孔家的感受，美国著名作家项美丽（Emily Hahn）在其传记《宋氏三姐妹》中有着细腻的描述："孔家优越的住房条件却使她大吃一惊。由于许多重要的银行家都住在太谷，所以这里享有'中国华尔街'之称，而就房屋大小来说，孔家又居'华尔街'之冠。这是一座由大块石料建成的屋宇，规模宏大，坐落在一个占地八九十亩的庄园里。管理这个庄园的佣人多达五百名。孔家的家具都是由质地坚硬的柚木制成，是用马车从广州运来的。霭龄做梦也没想到，在遥远的山西竟能看到如此奢华阔绰的地方。"

项美丽写这部著作的时候采访过宋霭龄的二妹宋庆龄，因此所有关于宋氏姐妹的传记中，这一部被认为是最可靠的，所以上述描写曾在很多年间被多次引用。但目前历史学家对此有着不同的看法。因为孔祥熙家的宅子由祖父遗留，叔伯群居，一共才九栋二十五间，在豪宅鳞次栉比的太谷县根本不算什么气派奢华。后来据考证，这其实是宋霭龄对孔祥熙所创办的铭贤学校的感观，上边提到的五百名并非"管理这个庄园的佣人"，而是学校的教员和学生。但是项美丽在转述时发生了认知错误，于是以讹传讹直到今天。在太谷当地，对孔祥熙四十岁之前的印象，也并非财东富豪，而是一位著名的教育家和基督教社会活动家。那么，当时的孔家究竟作何营生，有多少财富呢？还要从孔祥熙的祖父孔庆麟说起。

孔家的来历

太谷孔家来自山东曲阜孔子后代的支脉，晚明万历年间来此定居，一直以经商为业。到了孔庆麟这一代，山西平遥、祁县、太谷的票号生意已经遍布全国，孔家也由于经营得法，成了当地有名的富翁。不过孔庆麟在票号经营方面，一直是"掌柜"（职业经理人）而不是"财东"（票号所有者），他们家自有财产，是"广茂兴"和"晋丰泰"两家商号，以经营中药材为主，北京、广州都有分号，最大的销货渠道是出口东南亚。

孔繁慈是孔庆麟三儿子，本来也是票号的管理者，娶妻生子，逍遥自在。他的儿子便是孔祥熙，生于1880年。但是孔祥熙七岁的时候，母亲去世，孔繁慈因丧妻之痛竟然染上了鸦片烟瘾，当然也就无心工作，整天流连于烟馆酒肆，家业就这样一天天败落下去。后来实在混不下去，就去做了个私塾老师，也仅能够维持生活而已。直到孔祥熙十岁那年，一件事情的发生使得他改变了命运，那就是孔祥熙生病了。

其实本来孔祥熙的毛病不严重，"痄腮"，用现在的话来讲就是流行性腮腺炎。孔繁慈请的是中医来为儿子治病，但庸医误人，当时孔家的生活条件和卫生条件都不很理想，一来二去，患处竟然发疮溃烂，小小疾患非但没有痊愈，反而把孔祥熙折磨得危在旦夕。所谓"病急乱投医"，孔繁慈实在没办法，只能把孔祥熙送到了之前随便怎样都不会进去的教会医院，死马当作活马医，总不能看这十岁的小孩子就这么病死吧？

教会医院非常尽心尽责，且西医对于这种外科炎症也的确很有疗效，没多久孔祥熙就痊愈了。更重要的是，这次治疗导致的和教会人员的交往，使得这世界向孔祥熙父子打开了另一扇大门，也让他们感到了新的希望。就这样，父子俩不顾家族长老的强烈劝阻，都进入了教会学校——父亲做国文老师，儿子做学生，并且孔繁慈还戒断了鸦片烟瘾，肉体上、精神上和事业上都获得了新生。在太谷本地教会学校毕业后，因成绩优异，孔祥熙被保送到直隶通州的潞河学院读书，这家学院就是后来燕京大学的前身，师资力量雄厚，教学条件良好，奠定了孔祥熙的科学文化基础。就在此时，义和团运动爆发了。

义和团发源于山东，其"扶清灭洋"的主张得到了清政府的默许乃至支持，于是这股"反洋人、反洋教"的势力就在华北蔓延开来。1900年，作为教会学校的潞河学院面对如此纷乱的形势只能停课，孔祥熙也就回到了太谷老家。照说当时山西省的义和团发展并不迅速，但时任该省巡抚的毓贤对于外国人和传教士以及基督徒的态度非常极端，孔祥熙在回乡途中发现，由毓贤主使的对华洋基督徒有计划的围捕和屠杀已经开始了，心知大事不妙，加快了回家的脚步。他回到太谷县，果然，当地所有的教会人员，包括当初治好他痄腮的美国医生都已经被当地政府逮捕。于是他问家里要了一大笔钱行贿，要求看守人员将他们释放。谈下来的结果，看守人员只肯释放三人，于是这些教会人员商议，让孔祥熙带着三名女传教士逃出了山西。

义和团运动平定以后，孔祥熙因这次救助行为被教会视为"华夏英雄"，获得了崇高的声誉。同时也因为成绩名列前茅，他被教会保送至美国欧柏林大学留学。毕业以后，孔祥熙又考取了耶鲁大学研究院，成为一名矿物学的硕士研究生。

早在潞河学院读书的时候，孔祥熙因仰慕孙中山的革命主张，就在同学中成立过兴中会通州分会，这次到了美国，他更是密切关注孙中山的行踪。终于，在1905年，孔祥熙于克利夫兰见到了孙中山并正式要求加入革命党。孙同意了他的请求，同时问他有何志愿，他答道："提倡教育，振兴实业。"孙中山笑了笑，对他说道："不论兴办任何事业，都得从大处着眼，小处着手。尤须持之以恒，方可有所成就。至于革命工作，尤应自启迪民智开始。"据说这番话让青年孔祥熙豁然开朗，从此奠定了他其后二十年的事业方向，那就是兴办教育，启迪民智。那么，从什么地方入手呢？他没等多久，1907年，机会来了。

欧柏林大学是一所教会大学，义和团运动中被杀戮的那些传教士一直为学校师生所同情缅怀。1907年孔祥熙从耶鲁大学获得硕士学位，回国之前去欧柏林大学辞行，师生代表便拿出一笔募捐所得，委托孔祥熙回去以后在太谷县为这些殉教的传道士建一座纪念碑。孔祥熙想到了两年前孙中山的教诲，建议大家与其造一座死的纪念碑，不如建一所活的学校，"造就人才，使庚子殉难教友的精神长存人间"。捐款者同意了他的看法，进而和他一起在全美国的教会进行募捐。于是，孔祥熙就这样带着一大笔钱回到了国内，在太古县城创办了铭贤学校。就法律上而言，这所学校所有者是欧柏林大学，因此算不得孔家私产。但是创立以后的二十年间，孔氏从未长期离开过这所学校，一直身兼校长和任课教师。

孔祥熙于1907年学成归国，放弃了许多请他做官或任教的机会，回到了太谷老家创办铭贤学校，并自任校长和任课教师。在这之后，他遇到了两件事——1908年与韩玉梅的婚姻和1911年的辛亥革命。尤其在辛亥革命中，他作为民军司令保护了山西中部的安全和稳定。本来他的学校带有基督教性质，一直受到当地士绅甚至是孔氏家族的排斥，但此举使得他获得了当地官绅百姓的一致赞许，也开启了他和阎锡山的终身友谊。

第一桶金

1912年，南北和谈成功，中华民国稳定了下来。也就在此时，和他结婚四年的妻子韩玉梅去世。这使得孔祥熙非常寂寞伤感，对教育事业也没有了以往的热衷。正巧在上一年，他五叔的独子因参加革命被清政府所杀，其他各房也人丁单薄，在这一代只剩下孔祥熙一个男丁，当然家族生意"广茂兴"和"晋丰泰"这两家商号也就顺理成章地交到了孔祥熙手上。他于是以此为基础，开设了祥记商行，进行煤油专营。

清末百姓的照明主要是靠菜油和豆油点灯，光源暗淡却花费不小。当时英国亚细亚石油公司和美国美孚石油公司都试图在中国打开煤油经销市场，在各地寻找代理商。经过各方比较，孔祥熙去亚细亚公司投标，以二万五千英镑的保证金获得了壳牌煤油在山西全省的独家经销权。当时二万五千英镑相当于四十万银圆，是一笔巨款，孔祥熙手上的两家商号自然拿不出这么多钱。于是他四处融资，尤其是他祖父的几个兄弟虽然票号已经歇业，但手上有足够的资本，他们同意出资设立祥记商行，孔祥熙自然就有了资金支持。

壳牌煤油的经销手段灵活，不仅价格比菜油、豆油要便宜一半，而且亮度还要高出好多，还附送油灯和灯芯。因此没几年孔祥熙便因为这项专营权而成为太谷县首富。但是他在经营之初就厘定一个原则：煤油生意的四成利润捐给铭贤学校作办学经费，永远如此。他这个以身作则的慈善举措颇有道德说服力，使得他后来去美国为学校募捐的时候分外容易，这是后话。

惊人财技

既然捞到了第一桶金，那么就到了孔祥熙施展财技的时候。他后来的投资除了煤油专营和两个传统商号以外，主要是贩运、地产和金融。比如第一次世界大战爆发后，美国为了整军备战，需要大量的铁砂。由于孔祥熙有美国留学经历，很轻易地说服在天津的美国采购商，要求他们支付价款三分之一的订金。拿到订金以后，孔祥熙以每吨一银圆的价格去山西采购铁砂，然后以每吨一美元的价格卖给美商。当时一美元差不多折合两三个银圆，也就是说，美商支付给孔祥熙的七成余款就是毛利，而孔自己除了运费以外，几乎没有一分钱投资。

有了这笔钱，孔祥熙来到上海，打起了房地产主意。欧战爆发后，很多德国在华侨民担心一旦中国对德开战，他们的资产会作为敌产被中国政府没收，于是纷纷抛售手上物业，被孔祥熙吸纳颇多，或租或售或自己居住。就拿孔氏整个三十年代在上海西爱咸斯路（今永嘉路）383号的住宅而言，几经转手而来，二十年内的价格涨了二十四倍。这一点孔祥熙从不讳言，多年以来一直对此津津乐道。

孔祥熙金融投资眼光很好。1915年陈光甫创办上海商业储蓄银行的时候，实收资本才八万元，不及一家普通钱庄。但孔氏就非常看好现代银行业的前景以及陈光甫的能力，在上海银行第一次增资的时候毅然入股一万元，这使得他成为了上海银行的永久董事，并因银行业绩越来越好而分享了越来越多的红利。在开设祥记商行经营煤油生意以后，为了保证融资的便利，他于1915年设立了裕华银行，这是华人金融界最早的民营现代化银行之一，但由于疏于管理，并没有为孔家带来什么丰厚的效益。

教育、经济、政治，我们现在很难判断孔祥熙究竟更重视哪一项事业，这使得他的历史面貌一片混沌。孔祥熙在这三者之间游刃有余，固然使得他有多个提升自己地位的平台，但其担任国民党高官后仍然对自己的私营产业念念不忘，也使得他直到如今还蒙着"以权谋私"的恶名，难以洗清。不过，究竟何为重要，至少在早期也是有脉络可循的，那就是当时他比较遵守国民党中央的征召。1913年秋天，正当他的教育事业和煤油生意都蒸蒸日上的时候，因政治需要，他扔掉国内这一切，追随"二次革命"失败的孙中山到了日本，继续从事反对袁世凯的秘密工作。

在日本，他和孙中山的英文秘书宋霭龄一见钟情，并于翌年春天结婚。这场相遇和婚姻无论对于孔祥熙本人的前途还是国民党史，都有着非常有趣的意义。宋霭龄婚后将自己的二妹宋庆龄介绍给孙中山继任英文秘书，这直接导致后来庆龄嫁给了孙中山，而此一结果又导致了三妹宋美龄结识了蒋介石并最终结合。当然，1914年春天孔祥熙和宋霭龄结婚的时候，这一切还毫无迹象，这场婚姻似乎对于孔的政治前途也毫无影响。第二年秋天，孔祥熙带着新婚妻子回到家乡太谷，继续做铭贤学校的校长，而宋霭龄担任了该校的专职教师。

"顾命大臣"

此后十年的个人历程中，孔祥熙还是以从事教育为主。最为辉煌的要数1926年的美国之行了，他竟然募集到了七十五万美元的教育基金，这使得每年都有三万美元的红利注入铭贤学校作为教育经费。加上欧柏林大学每年也同意出资一万美元，这样，从当年开始，铭贤学校每年都有四万美元的稳定财政来源得以支持、存续和扩张，这也奠定了该学校在当代中国教育史上的重要地位。

至于政治上，孔祥熙最重要的工作在1924—1925年间。当时孙中山在南方试图联络东北的张作霖、张学良父子和华北的冯玉祥，意图一起反对北京的曹锟政府。在这之前，曹锟手下最重要的军事将领吴佩孚已经被孔祥熙说服，不再对南方政府保持战略攻击姿态，这既使得孙中山有了宽松的地缘环境得以精心谋划，又使得他确信了孔祥熙纵横捭阖的交际能力。孔祥熙还真没让他失望，带着孙中山手书的《建国大纲》见到了曹锟手下另一位重要的军事将领冯玉祥，并以此书为由头，劝说冯倾向南方革命政府。经过深思熟虑，冯决定接受《建国大纲》的部署和孔祥熙的建议，于1924年10月发动了当时称作"首都革命"的北京政变，拘禁当权者曹锟，并通电欢迎孙中山进京共商国是。

众所周知的是，孙中山此次旅程并不顺利。政治上的挫折且不去说，最重要的是，在途中孙就因重病卧床不起，最终于1925年3月12日逝世于北京。这无论于公于私对孔祥熙都是个重大打击——于公，孙是孔的领袖，又是政治任务的直接布置者，后来据孔祥熙回忆，之前十年，他表面上在铭贤学校担任校长，其实私底下还奉孙中山命令在北方军人中做秘密工作；于私，孙是孔的连襟，两人关系一向友善，孙的去世使得孔祥熙失去了最重要的事业依靠。

尽管极为悲痛和忧郁，孔祥熙还是强忍着深深的挫折感，作为治丧处的主任有条不紊地操办了孙中山在北京的葬礼，并为购买灵柩而私人支付了五千元。经历了此番起落，失去了孙中山指导的孔祥熙一片茫然。孙逝世前，他是其遗嘱的起草者和见证人，曾被戏称为"顾命大臣"，但终究在国民党中央没有职位、没有名分，此后也不知道从事哪方面的工作。在经过长时间的彷徨犹豫之后，他决定先去美国为铭贤学校募捐。如前所述，这次募捐非常成功。当他正想游历更多地方以增加成果的时候，突然收到广州密电，国民党中央紧急征召他回国。原来，此时国内的军政形势又发生了重大变化——北伐开始了。

身兼三职

1926年7月，以蒋介石为总司令的国民革命军正式誓师北伐，向北洋政府发动总攻击。北伐军由广东出发，半年以来经湖南而攻占湖北，经江西而攻占江苏，经福建而攻占浙江，一路上势如破竹，传檄而定。就在此时，国民党内部发生了严重分歧，广州的国民党中央和前线的总司令部为定都于武汉还是南昌争执不休。1927年4月1日国民政府主席汪精卫的回国反而加剧了这种分裂。12日，蒋介石猝然发动政变，然后建都南京，和当时定都武汉的国民党中央彻底分裂，并互相叫嚷着要讨伐对方。

此时的孔祥熙早已回国，正在广州担任广东省财政厅厅长，负责前线军队的军费粮秣供应，任务繁重。但他更担心的是前方的政治动态。孔祥熙名义上表示中立，实际上政治态度正在发生微妙的变化。据他事后解释，这责任完全归咎于汪精卫。当时汪刚刚回国，得到消息的孔祥熙一早就从广州赶到上海，在码头恭迎大驾，并携宋霭龄于私邸宴请汪氏夫妇。经孔的说服，汪精卫承诺去武汉以后支持蒋介石，作为回报，次日蒋公开发表拥汪宣言。

然而令孔祥熙极度失望的是，汪精卫抵达武汉主政后就完全背弃承诺，公开斥责蒋介石。这令调停者孔祥熙感到面目无光，也暗中定下了反对武汉政府的决心。此时中国最重要的军事力量是刚刚占领郑州的冯玉祥军队，他的倾向至关重要。于是孔祥熙又再次北上劝说他的老朋友冯玉祥，使得他偏向于南京政府。历史学家认为，冯的这个态度直接导致了汪精卫最后决定"七一五"分共，宁汉开始合流。

但是令孔祥熙担心的是，蒋介石因兵败徐州而受到了国民党军内部李宗仁、白崇禧等新桂系军人的排挤，黯然下野。此时，孔祥熙已经把政治命运和个人前途都寄托在蒋氏一人身上，于是他们夫妻俩做了个分工：宋霭龄帮助蒋完成个人心愿，那就是劝说母亲倪桂珍同意将三妹宋美龄嫁给蒋介石；孔祥熙则帮助蒋完成政治心愿，那就是劝说北方的国民党将领冯玉祥、阎锡山通电呼吁蒋介石复职。

不得不说，孔氏夫妻的折冲口舌功夫非常有效，蒋介石这些心愿都陆续完成。1927年底，他和宋美龄成婚，来年元旦，就被国民党中央征召进京，恢复国民党军总司令的职务，后又任国民党中央政治委员会主席，成为南京政府事实上的党务和军事首脑。当然，孔祥熙也获得了其应得的回报。1928年2月，国民政府任命孔祥熙为国府委员，并兼任工商部部长。孔祥熙正式进入国民党政府的核心阶层,此时,他已经快五十岁了。

后来工商部和农矿部合并成立实业部,孔祥熙继任部长。从1928年到1944年,他的仕途一直非常顺利,而且步步走高。期间也有短暂的挫折,如1931年底蒋介石第二次下野,孔氏和蒋共进退,也辞去本兼各职。但一个多月后蒋氏即复职再起,由于党内已经形成"蒋(介石)主军,汪(精卫)主政"的权力均衡,蒋介石不便再让孔祥熙担任行政职务,就在1932年3月给了他一个"考察欧美各国实业特使"的头衔,让他远赴欧洲。名义上孔祥熙是研究外国先进的工业发展经验,实际上却负有特殊使命,那就是向德国、意大利等新兴的军事强国学习整军经武的经验,并采购相应的军械装备。

在意大利考察时,墨索里尼建议,日本已是中国的劲敌,而日本海军非常发达,如果中国像日本一样发展海军,那无论如何努力都赶不上日本的实力。但如今空军是新兴力量,必将成为今后战争的战略重心,中国如果能够及时发展,那么今后战争仅靠空军就能够遏制日本的侵略。孔祥熙回国以后即向蒋介石介绍了这一建议,蒋深以为然,这就是国民党组建空军部队的由来。

在德国考察时,由于当时德国还是第一次世界大战的战败国,不能大张旗鼓地发展军备,于是建议和中国秘密合作,用以物易物的方式,中国向德国提供钨砂等制造枪炮所必需的战略原料,德国则回报以等价的枪械。后来孔祥熙就任中央银行总裁和财政部长,立即和德国签订了相关密约。作为附加条件,孔祥熙还要求德国国防军派遣一批富有实战经验和训练经验的将校来中国担任军事顾问,在战略上、战术上和技术上给中国军人以详细务实的指导。

1937年5月,身兼行政院副院长、财政部长和中央银行总裁这三个重要职务的孔祥熙作为中国政府特使远赴欧洲,名义上是参加英国国王乔治六世的加冕典礼，实质上是会晤纳粹德国元首希特勒，希望得到德国更多的军事、军备支持。6月13日，他见到了希特勒，谈话并不友好，空泛而乏味，因为此时德国已经和苏联秘密合作生产军械，和中国的敌人日本又结成了战略同盟，因此已经不太愿意再和中国进一步合作。不过，经孔祥熙努力，此行还是签署了价值为一亿马克的以物易物协定。本次协定加上之前几年的合约，中国用钨砂和其他农产品，一共向德国换到了折合一亿美元的军械弹药。这些装备和德国军事顾问团的到来非常及时有效，对于抗战初期中国军队抵御日军的大规模入侵，起到了决定性的作用。

法币改革

当然，作为财政大员，孔祥熙最主要的工作还是金融币制改革。1933年11月，已经是中央银行总裁的孔祥熙被特任行政院副院长兼财政部长。在之前的3月，时任财政部长的宋子文已成功"废两改元"，即废除流行于中国一百余年的银两市场流通和规元结算方式，明确以含银量23.5克、重量26.7克的银币为主币，实行银本位制，计算单位为银圆。各家主要银行依旧发行纸币，但持有人可以去发钞行兑现，即随时可以兑换与纸币面额相等的银圆。然而孔祥熙甫一上台，即遭到中国近代史上第五次大型金融危机——白银风潮，中国的银本位制已不适应国际大潮和形势需要了。

简而言之，当时美国政府为缓解二十年代末大萧条带来的通货紧缩，于1934年6月实行《购银法案》，开始白银国有政策，并向全世界进行收购。受此政策影响，全世界白银价格于一年内猛涨两倍半，中国的白银也因此大量外流。由于中国实行银本位制，白银的巨额外流造成了支付不足以致银根紧缩，物价大幅度下跌，导致出口量下降，工厂严重开工不足。受灾最严重为天津和上海的房地产市场，当时交易额只有早先的十分之一。随着房地产价格的急剧下跌，原本以房产抵押为主业的银行、钱庄饱受冲击，一年之间，上海有二成的民营银行和钱庄破产。

因此，孔祥熙临危受命，用币制改革来应对危局，即实行汇兑本位制，发行不兑现纸币（即法币）来回笼市场上正在外流的银币，将其出售给美国。由于法币对于银圆有币值上的虚估，因此一旦发行便造成事实上的货币贬值，以期产生通货膨胀，以此来刺激物价回升，达到经济回暖的目的。对于1935年11月正式施行的法币政策，有历史学家评论道："法币政策使中国摆脱了1934—1935年的金融危机……实行纸币流通制度符合世界币制发展的潮流，而且客观上又为抗日战争做好了币制上的准备。"补充一点，法币政策使国民政府回收了大量白银得以出售给美国，换回的外汇成为支持抗战进行的财政保证。美国财政部的档案显示，从发行法币的1935年到珍珠港事变爆发及美国全面援华前夕的1941年，国民党政府共向美国政府出售了五亿五千万盎司的白银，换回了二亿五千万美元的外汇，用于战时粮饷械弹的采购和支付。

法币政策规定，法币和银圆必须进行一比一的足额兑换。为了以身作则，孔祥熙率先垂范，将自己祥记商行支付给英国亚细亚石油公司的专营保证金四十万银元换成了四十万法币。但这一举措后来给他造成了严重的损失。抗战爆发后，日占区的汪伪政权命令法币不得通用，必须以二比一的比值兑换成汪伪政权发行的伪币中储券。身处日占区的亚细亚公司在胁迫之下，不得已将孔祥熙的四十万法币保证金兑换成了二十万中储券。抗战胜利后，国民政府规定，将以二百比一的比值来回收中储券，孔祥熙这些钱只能折合成一千元法币。亚细亚公司倒也不好意思再收这些保证金，将其还到了孔祥熙手上。孔接过这些钱苦笑了一下——三十多年前他这些保证金能值二万五千英镑，如今呢？一千元法币只值得上两英镑。这一万多倍的跌幅，使他深深地体会到，在庞大残酷的战争机器面前，一切金融政策都那么渺小无力。

不过，客观而言，在财政战略和运财技巧上，无论公私，孔祥熙都是这场战争的赢家。先说公事。1938年元旦，孔祥熙升任行政院院长，仍兼任财政部长和中央银行总裁。虽然两年后将院长职位主动让给蒋介石，但仍全权负责行政院事务。到其远离政坛的1945年为止。在抗战爆发前夜的1937年6月，中国政府拥有的金银外汇储备总额为三亿八千万美元，其中黄金四千五百万美元；而到1945年7月抗战胜利前夕他辞去所有职务的时候，国库拥有美元九亿，黄金六百余万两，合计金银外汇储备十二亿美元。

孔祥熙的生财之道，可以用一个事例说明。1941年12月太平洋战争爆发以后，美军陆续进入中国。因战争需要，美军在四川、云南等地修建了许多机场。由于在中国采购生活物资和支付修建机场的劳工报酬都需要用法币支付，美军就直接在黑市上用美元兑换。按照官方牌价，一美元能够兑换二十元法币，后来上涨到四十元；按照黑市牌价，一美元能够兑换一百元法币，后来上涨到二百元。美军去黑市兑换当然是中国财政的损失，孔祥熙及时阻止了这种行为，声称这些生活物资的采购和劳工报酬的发放先由中国政府用法币支付，最后向美国政府用美元结账。美国财政部长摩根索同意了这一请求。

1944年7月，孔祥熙乘赴美参加国际货币基金会议之机向摩根索结账，要求美国偿还六亿美元的欠款。摩根索大吃一惊，说在他印象中美国只应该付一亿多美元。孔祥熙早有准备，胸有成竹地答道："你的计算是按照黑市牌价，而我的计算是按照官方牌价，我们之间的经济往来是政府行为，当然要按照官方牌价来结算，这是其一；直接为中国政府服务的美方在华人员所获得的工资，中方均按官方牌价折算美元支付，因此美方也应以官方牌价支付这些欠款，这是其二；对于外汇牌价的涨跌，中方都能提供明细详单，但美方却毫无记录，和中方谈判没有依据，这是其三。"摩根索被驳斥得哑口无言，只得答应孔祥熙的要求。

最后经两方商议，同意欠款总额确实为六亿美元，部分支付现款，部分以战争剩余物资抵债。这些所谓的"剩余物资"其实不过是即将过期的罐头、香烟，还有一些服装和汽车，但孔祥熙毕竟为中国讨要到了二亿二千万美元的现款，这对于当时已被八年抗战基本拖垮的中国财政而言，无疑是一剂强心针。不过，为此孔却得罪了美国政府。正在此时，蒋介石和盟军中国战区参谋长史迪威彻底闹翻，屡屡要求美方将其撤换，罗斯福同意了这一要求，但前提是，中国政府也必须撤换孔祥熙。

1944年10月，史迪威应召回国，而此时还在美国谈判的孔祥熙也接到了蒋介石免去其财政部长职务的通知。他深知，为了争取国家利益，他牺牲了个人前途。不过他心情非常平静，因为此时他已经六十五岁，早到了颐养天年的岁数；更何况，他认为儿女已经长大，并且继承了自己生财有道的天赋，他自己也该退出政坛，安享晚年了。但是，当时孔祥熙不知道的是，给他在历史上带来恶劣名声的，正是他的儿女以及他对儿女大发战争财的纵容。抗战时期，国破家亡，苍生涂炭，孔氏家族的财富却迅速增加，使得孔祥熙恶名昭彰，甚至连傅斯年、胡适等亲国民党人士都对其轮番攻击，欲除之而后快。

孔祥熙和宋霭龄育有二子二女，大发战争财的，主要是大儿子孔令侃和人称"孔二小姐"的孔令俊。一般来说，孔令俊虽然生性跋扈，行事诡异，但生意场上还是合乎规矩的。抗战爆发后，孔祥熙将家族生意广茂兴、晋丰泰这两个商号和自己赖以起家的祥记商行交给了年方二十的孔令俊打理，成立了嘉陵公司。战后孔家拉上海滩大亨杜月笙入伙，因杜家投资较大，孔家反而占了小股，因此杜月笙就成了嘉陵公司的董事长。

恶名昭彰的原因

孔令侃才是症结所在。1937年11月上海被日军占领，为了更好地监督进口军械弹药的运输，孔祥熙任命才二十出头的孔令侃为中央信托局常务理事，于1938年初常驻香港主持业务。但港英当局对于中日战争持国际法意义上的中立态度，拒绝中国官方机构的进驻，因此孔令侃只能利用地下电台为政府开展秘密工作。但是，他同时也利用官方运输通道和内部消息，在上海、香港、重庆等地进行贸易。这种行为诚然算不上走私，但在时人眼中，是十足的以权谋私。抗战以后孔令侃组建扬子公司，在上海专销美国商品，囤积紧俏物资，这在和平时期都非常正常，但战争时期，孔家又有着如此复杂深厚的政治背景，孔令侃这种行径难怪蒋经国都要为之侧目了。

1939年10月，中央信托局的地下电台被港英当局破获。当时由于欧战爆发，德国和英法兵戎相见，因此和中国政府接洽军火运输的德国代表也都离开香港回国。如此，孔令侃失去了留在香港的必要，只能远赴美国深造，获得了哈佛大学的经济学硕士学位。他离开香港以后，其亲信好友利用他的名义进行大规模走私，这在很大程度上也败坏了孔家的声誉，但纠正此行径的，也是孔家人士——孔令俊。

1941年，国民政府许多物资由仰光经滇缅公路运入昆明，孔令俊接到密报，说这条通道上一直有人利用孔令侃的名头进行物资走私牟取暴利。孔令俊当即报告给军统局负责人戴笠，要他彻查。经查，这两人是中央信托局运输处经理林世良和理事会主任秘书许性初，都是孔令侃在港期间的心腹干将，而他们走私物品的市值高达六千万元。经军法处调查了一年，得知林世良是主谋，他欺骗许性初，说这是孔令侃委托他运输的押汇物资，许性初才帮他办理各种通关手续。最后，经军法审判，林世良被处决，许性初则无罪开释。在整个抗战时期，此类事件多次发生。客观而言，下属贪黩而嫁祸上司，虽然孔氏父子并没有贪污，不过御下不严甚至包庇纵容的责任，是难以免除的。这也是孔祥熙一生效忠蒋介石，但蒋介石后来却十分厌恶孔祥熙的原因之一。

"红顶商人"胡雪岩

胡氏生于1823年，卒于1885年，历经道光、咸丰、同治、光绪四朝，这六十余年正好是清朝国力迅速下降、内忧外患接踵而来的大变局时代。靠着时局的因缘际会，胡雪岩得以结交两任浙江巡抚，前者王有龄使其发家，后者左宗棠使其扬名，但最后竟然以几千万两白银身家和二品红顶花翎的地位从人生极高处轰然倒塌，在出租屋中了此残生，且身败名裂，成为朝野商民一致质疑取笑的对象。他究竟因何成，又因何败？

"红顶商人"的破产

1883年12月5日，中国爆发了近代史意义上第一次全国性的金融危机，就在这一天，上海、杭州、南京、北京乃至湖南、湖北等地，二十余家阜康钱庄全部上了排门，不再对外营业，一时间朝野震惊，在钱庄中有存款的官僚绅商和平头百姓无不大惊失色。这也证实了坊间已经传播了半年之久的流言——富可敌国的"红顶商人"胡雪岩真的破产了。

胡雪岩虽然是商人，但因长期以来为朝廷筹集粮饷有功，被重臣屡屡保举，当时已经是布政使衔的"候补道台"，加一品衔，戴红顶花翎，赏穿黄马褂。一般认为，他全盛时期资产达白银三千万两，几乎抵得上中国半年的财政收入。由于具有如此头衔，各级官员便很放心地将本地财政收入放到了他的钱庄。各地饷银的往来很多也通过他的钱庄流转。

一些贪官污吏也将贪污所得存放于其钱庄生利。

钱庄关门只是一个手段，为的是防止事态进一步恶化，并不意味着钱庄可以就此不再偿还储户的公私存款。但胡雪岩究竟欠了外面多少钱？他究竟能否还清各级政府的存款？这是当时清政府尤其是浙江省政府最密切关注的事情。就在阜康钱庄关门后不久的一个深夜，浙江省最高财政官员——浙江布政使德馨来到了胡家，和胡雪岩彻夜长谈。他本来就是胡的好友，但这次来却并非叙旧，而是有着特殊的使命：以借出两万两银子帮助胡雪岩渡过难关为条件，要求阜康钱庄将所有涉及公款往来的账册上缴。

当时浙江官方最担心的问题，一是胡雪岩隐瞒或销毁账簿和原始单据，二是一死了之。但胡并没有这么做，而是非常合作地将所有账册共计四箱交给德馨。德馨一查账，得知各地财政在阜康钱庄的存款额并不惊人，二三百万元，其中浙江一省一百六十万元。德馨这才松了一口气，因为据他对胡家剩余资产的了解，胡雪岩肯定还得起这些钱。德馨此举为朝廷立了大功劳，没多久他就官升一级，调任江西巡抚。

但是普通存户就没那么幸运了。钱庄关门，用当时的俗语来讲叫作"倒债"，一般而言，只需支付储户三成存款，就算结清了债务。而且钱庄还无需支付现金，东主的实物（如文物器皿甚至家具衣服）也可以抵债。清偿债务工作花了好几年。如德馨所料，公款没问题，最后如数清缴；一些豪门大佬因为手握权力而捷足先登，因此也没吃亏。比如最大的私人存款额为七十万两，其储户是协办大学士、刑部尚书文煜，这些是他在粤海关监督任上贪污的赃款。阜康钱庄一出事，他马上就通过各种关系，占有了胡雪岩开设的中药店"胡庆余堂"。这家药店赫赫有名，生意兴隆，市场价值远远超过七十万两白银。其余存款的官员虽然没有如此权力，也写信给浙江的几位主要首脑，要求他们代为讨债。据浙江巡抚刘秉璋的儿子说，北京和各省官员寄给其父亲要求帮忙索债的信件，堆起来有一丈之高。

吃亏的都是普通百姓，他们几百两银子的存款可能换来的不过是几件衣服。当时，一直有很多普通储户在关闭的阜康钱庄门口伤心地号啕痛哭。此事给百姓心中投下了浓重的阴影。此后几年，杭州的百姓和商家不再信任钱庄，不再信任银票，一切交易都用现银交割，金融交易黯淡。还有些钱庄业主心生歹念，因为他们发现阜康倒闭后对小储户只需支付存款额的三成就能平安过关，于是纷纷效仿。一时间，北京、苏州好几家钱庄都以经营亏本为借口而关门"倒债"，破产清偿，金融秩序一片混乱。

朝廷也明白这股恶劣风气的由来，是因为胡雪岩造成了如此巨大的金融风潮而没有受到任何法律上的惩罚。之前朝廷已经降旨将胡的官职开革，但并没有进一步追究，因为他的公款债务尚未还清，而且当时的两江总督左宗棠和继任两江总督曾国荃都在替他辩白。就在事情发生后两年，也就是1885年底，朝廷为了整肃金融风气，以儆效尤，而且胡所欠的公款已经基本偿还，于是下令将胡雪岩逮捕入狱。这道圣旨到达浙江巡抚手中的时候，胡刚刚去世，客观上躲过一劫。

朝廷下令逮捕胡雪岩，还有一个重要原因，那就是胡最大的靠山左宗棠已经于当年9月去世，在官场上，再也没人为胡雪岩说话了。

一个"跑街"的投资

胡雪岩祖籍安徽绩溪，但在杭州已经生活了好几代人。他家境贫寒，十三四岁就进了钱庄做学徒。他从杂役做起，不到二十岁就做到了"跑街"，也就是钱庄的对外业务员，从事联络业务、放款收款和招揽存款的事务。就在此时，他结识了一名年近三十的读书人。他发现此人相貌堂堂，举止得体，却常常愁眉苦脸地流连于茶馆酒肆，一副郁郁不得志的样子，却又不去工作。

这引起了他的好奇，渐渐地和此人有了交往。原来此人叫王有龄，福州人，自幼跟着在云南做知县、知府的父亲长大。他学识渊博却不善科举，长久以来都考不上一个功名。没办法，其父为他在吏部花钱捐了个"盐大使"的盐政小官，派到浙江来听候任用。但是候任官什么时候能够得到实缺，却没有任何规定，他来杭州已经一年多了，一点头绪都没有，既没有门路，也没有打点疏通的银子，渐渐坐吃山空，已经快支持不住了。

"那你有什么对策吗？"胡雪岩问。王有龄愁眉苦脸地回答："这不是没钱嘛。如果有钱的话，我想直接去京城跑跑，至少那里还有几个我父亲的同学和同僚。""那，你需要多少盘缠？"胡雪岩问道。"我想，五百两银子是足够了。"王有龄沉吟道。

胡雪岩听进去了。其后的几天，他没和王有龄见面，而是四处为钱庄讨债，将到期的贷款催要回来。当他再出现在王有龄面前的时候，带来了五百两白银的银票。王有龄大吃一惊道："这是干什么？"胡雪岩笑道："这就是给你上京活动的本钱啊。别急，这不是送给你的，算是钱庄的贷款，你到时连本带利还回来不就得了？"王有龄迟疑道："那你怎么办？"胡雪岩轻松地回答道："这你无须担心。我只是帮钱庄放款，东主感谢我还来不及呢。"

王有龄拿着钱上路了。到北京，他找到了何桂清。何是昆明人，其父亲曾经给王有龄的父亲做过看门人。何桂清从小聪明伶俐，很招王有龄之父的喜爱，就让他和王有龄一起读书，并资助他上京赶考。何桂清果然出色，高中进士点了翰林，在京城里人脉很广。何桂清和王有龄从小就情同手足，看到王这次来，非常高兴。他听罢王的想法，说，现任的浙江巡抚和自己关系不错，他可以修书一封推荐一下。

何桂清的推荐是有效的。王有龄放了实缺，成了一名知县。他回杭州第一件事就是去胡雪岩任职的钱庄，连本带利把钱还掉。当初胡雪岩借掉五百两银子后回钱庄复命，姓于的东主气得当场就想解雇他。但想想，胡雪岩走后，这五百两银子谁来还？只能将他留下，但再也没有给过他好脸色。这次王有龄来还钱，让东主于老板大为吃惊，因为事实已经证明了胡的卓越眼光和判断力。几年以后，于老板病重。弥留之际他对胡雪岩说，我没有儿子，你就算是我的干儿子，这家当今后就传给你了。因为你的能力、胆略和眼光必定会把我的事业发扬光大。我这家钱庄虽然只有五千两银子的资本，好好干，前途未必会差。这就是胡雪岩入主阜康钱庄的由来。

胡雪岩在杭州开钱庄，王有龄在新昌、慈溪、鄞县、镇海等地做知县，两人业务上没有交集。1852年，何桂清的同年好友黄宗汉就任浙江巡抚，在何的推荐下，王得以就任杭州知府。此时南中国已经是烽火漫天，太平军由广西而湖南，由湖南而湖北，再于武昌经长江顺流而下，1853年攻下南京，并对整个苏南浙北保持战略上的攻击姿态。为应对战事的变化，清政府官员们最紧迫的任务就是"协饷"，即向作战部队提供源源不断的粮草饷银。这时，王有龄想到了他开钱庄的好朋友胡雪岩。

从此，胡雪岩及其阜康钱庄成了王有龄专门的财政运作通道和财务幕僚班子。王官做得越大，胡的事业也就做得越大。1854年何桂清调来杭州做了浙江巡抚，当时就将王有龄提升为浙江按察使。三年后，何升任两江总督，又将王带到江苏任布政使。1860年，王回到杭州，任浙江巡抚。清朝普通商人是不能参与国家财政粮饷的征收和转运的，于是王有龄先建议胡雪岩花五千两银子向朝廷捐了个四品官衔的"江西候补道"，随即任命胡雪岩为粮台总办，浙江省所有对内、对外、对上、对下的粮食运输和财政往来，都交给胡及其钱庄全权负责。此时距离王、胡二人的订交，正好二十年。

1861年，太平军围攻杭州，王有龄率领部属进行殊死抵抗。但围城日久，杭州的粮食消耗殆尽。王有龄命令胡雪岩化装易容，冒险通过太平军的封锁线，前去上海采办粮食。可是有一个显然的困境无法解决——届时粮食运到，又能如何运进包围重重的城中呢？因此有历史学家认为，王有龄此举只是想支开自己的好友胡雪岩，以免城破以后玉石俱焚。此种友谊真令人感动。

胡雪岩粮食采购到以后，带领二十几艘船回到杭州。此地被围得如同铁桶，他当然无法进城。他正准备拼死杀出一条血路的时候，杭州陷落，王有龄自杀。胡雪岩得到此消息后号啕痛哭，决心为王复仇。此时，他将目光投向了浙江、安徽、江西三省交界处，一个名叫左宗棠的湘军将领正驻军于此，胡雪岩决定向他请兵，回击太平军。

左氏的金融操盘手

左宗棠驻扎在婺源、江山、龙游一线，兵多将广，可是已经有五个月发不出饷银，军粮也即将告罄。胡雪岩带来的二十余艘船只的大米虽然可解燃眉之急，但对于今后的战争而言，仍是杯水车薪。面对胡请兵复仇的要求，左宗棠说道："我何尝不想攻下杭州为王有龄报仇。可是兵马未动粮草先行，若在十天之内凑不出十万石粮食，别说进军，连这支军队本身都有哗变解散的可能。"胡雪岩听罢慷慨地答道："只要能够为王有龄报仇，别说十天，我三天就给你调来粮食，并且还不是十万石，而是二十万石。"

胡雪岩有什么把握拍胸脯呢？早在杭州围城之前，胡就觉得兵荒马乱，太多的银子都集聚在城里不安全。当时衢州处于内陆深山，还算太平，而且稻米丰收，他就带了几万两银子去当地采购了二十万石粮食并囤积在那里。也是巧合，衢州离左宗棠的驻地不远，因此三天之内，二十万石军粮就如数出现在左的面前。

此时左宗棠已经接任刚刚殉职的王有龄,升任浙江巡抚。他有着杰出的政治、军事才能,但理财却并非所长,否则他的军队也不会经常缺饷断粮。胡雪岩这个财经金融人才,正是他所急需的。因此他上奏朝廷,保举胡雪岩依旧以"江西候补道"的官衔综理粮台,处理浙江全省的粮饷转运工作。

胡雪岩自己的基础产业阜康钱庄也迎来了高速发展期,那就是大规模地吸收了湘军官兵的存款。当时为对抗太平军,湖南一些地方士绅以家乡子弟为主干组成了自卫性质的团练,后来发展成赫赫有名的湘军。这支队伍在制度上不同于朝廷直辖的八旗兵和绿营兵,不算是有编制的国家军队,驱使这支军队拼死作战的,一是有高额的饷银,二是围攻对方城池,城破以后可以抢掠数天,囊括的金银财宝无须上缴,都算是私产。湘军官兵在外拼杀,朝不保夕,他们需要有一家值得信任的钱庄来为他们保存、转运自己用性命换来的财富。就在湘军刚刚占领浙江的时候,当地流传的关于一个军官的故事使得他们对胡雪岩充满了信任。

太平军刚刚攻入江苏的时候,胡雪岩的阜康钱庄接待了一名军官。他当然不是湘军(湘军此时还远在湖广呢),而是驻扎在杭州的一名绿营军六品武官,叫罗尚德的"千总",差不多也就是现在的营长。这位罗千总是四川人,年轻时家境尚可,但生性浪荡。他和家乡某位富商有婚约,正好赌钱输得很厉害。于是他就去欺骗自己还未正式过门的妻子家,说有笔大生意需要借钱。就这样一来二去,借了钱去赌博,输了钱再借。等他岳丈家发现真相的时候,他已经欠下岳丈家一万五千两银子了。

这时他岳丈说,既然两家还没正式成婚,那么这门亲事就退了吧,这一万五千两银子也不要罗尚德还了。罗觉得受了侮辱,说退婚可以,钱,他无论如何也会还上的,于是就出门投军,十三年来倒也是升到了千总,攒下了一万二千两白银的家当。正在此时,他接到军令,其部队马上要开赴江苏和太平军作战,这些家当如何处置,引起了他的思考。

他找到胡雪岩商量，说自己一万二千两银子存入阜康钱庄，不要利息，也不要存折，因为兵荒马乱，自己随时可能战死，万一死在战场上而随身存折被人抄走，反而是个损失。于是他央求胡雪岩，战事结束，如果他活着，就来拿回这些家当，如果他死了，就请阜康钱庄将这些钱运回四川家乡，还给他以前欠钱的岳丈家。胡雪岩答应了他的要求。两三年以后，钱庄来了两个军人，说罗尚德已经战死，临死的时候要求胡雪岩践行承诺。胡果然是个重信守诺之人，不远千里将这些银子运回了罗千总的四川家乡，还附上了利息，正好一万五千两银子，还给了罗以前的岳丈家。

此事一出，风传天下，江湖上都称胡雪岩为"东南大侠"。进驻浙江的湘军官兵自然也知道此事。何况胡雪岩也不是个普通商人，而是有道台职衔的朝廷命官，又是大帅左宗棠最信任的财政幕僚，因此这些湘军官兵的饷银和虏获全部存入阜康钱庄，胡雪岩一夜之间成为东南地区最大的金融业者。

当然，胡雪岩最重要的工作，还是为左宗棠服务，除了专门为左的军队筹集饷银转运粮草，还负责两件更重要的工作：采办军械和向外借款。前者比较容易一点，有钱就能买到好东西，当时许多在上海、天津的外国洋行就专做军火生意；后者才是事业的命脉，因为无论军事运作还是政治运作，没有财政上的支持，将是寸步难行。

整个十九世纪六七十年代左宗棠都在花钱，特别是七十年代的西北平乱和收复新疆所花费的款项都是天文数字。尤其是进入新疆后面对的敌军并非草寇，而是由沙俄帝国主义幕后支持的有新式武器的新式军队，因此军械装备方面更需要极大的投入。此时的中国，精通洋务者极少，熟悉国际金融业务而又愿意为朝廷效力者更是寥寥无几。放眼天下，当时华人之中既熟悉中国国情又深得国际金融集团信任的，只有1874年担任第二任上海汇丰银行买办的苏州洞庭东山商帮的大金融家席正甫，他所经手由汇丰银行借给李鸿章的二百万两"福建台防借款"也是外商银行对中国官方的第一笔政治借款。但席正甫坚决不肯为朝廷所笼络，对于李鸿章请他入朝为官的多次邀约置若罔闻。因此，左宗棠只能重用胡雪岩，因为在他信任的人中间，胡是唯一略通洋务的金融家；换而言之，在中国当时所有略通洋务的金融家之中，也只有胡雪岩值得他信任，愿为他服务。而胡雪岩也从中获得了他最便捷的发财路径——收取佣金。

当时在中国的外资银行和洋行都雇有华人买办处理对华业务，薪水很低，其报酬都以佣金的形式支付，大概最高者每年有十万两白银的收入，从中我们可以大体看出当时顶尖华人金融家的收入水平。胡雪岩也收佣金。左宗棠每一笔向外国的军械采办和对外资银行的借款，胡都收受回扣。目前已经无法得知他在军械交易上拿了多少好处，能够明确的是，左氏借款所支付的利息，有一半作为回扣进入了胡雪岩的私囊。

据统计，1867—1879年这十多年时间内，由胡雪岩经手的对外借款大约有一千二百万两白银，左宗棠为此要支付六百万两的利息。而这其中的一半也就是三百万两，作为外资银行支付的佣金进了胡的口袋。如上所述，当时最顶尖的华人金融家十二年佣金收入也不过是一百多万两，及得上胡雪岩的一半不到，这既证明了胡的能干，也证明了他的贪婪。

问题在于，他这些回扣的收受并不合法，因为他的身份是朝廷命官，收取回扣等于受贿。胡雪岩对民间而言只是个钱庄老板，但对外商和朝廷而言却是有布政使头衔的"江西候补道员"，作为左宗棠属下的"粮台总办"担任"上海采运局"的"委员"，更重要的是，他每个月还拿朝廷的五十两银子俸禄。对于他的产业而言，这些钱微不足道，但说明了胡雪岩无论在政治上还是行政上，都是地道的清朝官员。在各级官员眼中，商人只是他的副职，他最重要的身份还是朝廷命官。因此对于他的收受回扣，当时几乎所有政坛中人都颇为反感。其中，就有左宗棠的政治对手李鸿章。

太平军平定以后，清廷的汉族高官壁垒分明地分成了以曾国藩、左宗棠为核心的"湘系"和以李鸿章为核心的"淮系"。两派系经常在重要的政治、军事问题上互相攻击、钩心斗角。胡雪岩的这种贪黩，连同样处于湘系阵营的曾纪泽都看不下去了。曾纪泽是湘系鼻祖曾国藩之子，长期担任驻外使节，有着丰富的国际知识和国际眼界，他的评论没有通常士大夫那种颟顸迂腐。就连他也对胡雪岩极为不满，在1879年11月15日的日记中他诅咒胡雪岩，说对于胡"虽籍没其资财，而科之以汉奸之罪，殆不为枉"。曾纪泽都如此评价胡雪岩，那么李鸿章的态度就不消说了。更何况，当时清廷有"海防"、"塞防"之争，本质上就是遏制日本还是遏制沙俄的侵略更重要，为此李鸿章和左宗棠各执一词，于公于私都互相攻击，撕破了脸皮。胡雪岩作为左氏最重要的金融操盘手，李氏自然欲除之而后快。

但此时的胡雪岩没有关注这一问题，他在谋划下一步该做什么生意？1880年，左宗棠平定了包括如今山西、甘肃、宁夏和新疆在内的所有大西北领土，战争结束，不久左氏本人也调回北京担任主管兵部事务的军机大臣。既然战事告一段落，那么胡雪岩为左宗棠军队筹集饷银、转运粮草、采购军械、对外借款的事务也就不再那么急迫。这时候，胡雪岩将眼光投向了生丝收购上。他所没有料到的是，随着他的出手，中国有史以来最大的中外贸易战打响了。

要命的生丝贸易战

两千年来，丝绸制品一直是全世界瞩目的奢侈品，作为丝绸面料之原材料的生丝，当时全世界只有中国的苏南浙北和南欧的意大利能够提供，而欧洲生丝的质量和数量又远不及中国，因此当时上海洋行的重要贸易任务之一，就是采购苏南浙北生产的生丝。这是洋行对华农产品依赖的最大宗交易。当时洋行和其国内的经销商都签有合同，每年都要向国内输入一定份额的产品，否则就要赔款甚至破产。比如英国怡和洋行就和英国许多丝绸面料生产商签订合同，每年都要向这些厂商提供规定数额的生丝原料。如果不能及时提供，怡和洋行就将向这些厂商支付巨额赔款，以致破产。

胡雪岩深知这一行规，因此想通过垄断手段控制整个江浙沪的生丝贸易，逼迫外国洋行退出中国生丝市场。如这个战略成功，那么今后全世界的丝绸面料制造商如果想购买中国生丝原料，只能找胡雪岩一家买货，其中利润之丰厚自不待言。我们来算一笔账。当时集聚于上海的生丝，每年数量超过一万包，每包收购价大概是四百两银子。也就是说，胡雪岩想垄断一年的生丝交易，就至少需支付五百万两白银。

这仅仅是账面数字。生丝本身不耐久存，两三年以内就会泛黄而变成废品，根本不适合长期持有；储存这么多生丝又须租用仓库的成本；资金本身也有使用成本，即利息。更重要的是，各家洋行绝不会坐以待毙，肯定会和胡雪岩竞拍，价高者得，那么生丝价格将会一路上扬，绝非五百万两银子能够应付的。

结果是，胡雪岩支付的收购费用高达二千万两。1882年，他收购了上海生丝市场的大半，即八千包，其他外商洋行只竞争到三千包。但这样一来，生丝价格极速上扬。第二年春天，新丝上场，他又收购了六千包。平均算下来，这些生丝的价格高达每包一千四百两，为原始价格的三四倍之多。

胡雪岩引以为后盾的，是手上充沛的现金流，因为他手握东南地区最大的钱庄，有着丰富的存款余额供其调度。不过二千万两已经是最高限度，他再也拿不出现金了。此次商战的要点就是"垄断"。1882—1883年两季新丝上市，胡雪岩收购了共一万四千包生丝，这两年上海市场的销售总量是二万二千包，也就是还有八千包生丝被洋行和中国其他投机商收购（其中，1882年洋行收购三千包，1883年中国投机商跟风收购五千包），胡雪岩既然不能形成垄断，也就根本不能置洋行于死地，胡雪岩高估自己的实力了。而且1883年意大利生丝丰收，足以供应欧洲本地丝绸生产商的原料要求，洋行于是更有底气拒绝收购上海所有的生丝原料。胡雪岩聚集了两年的蛮力，一拳向洋行打去，不料却扑了个空，自己却下盘不稳摔了个大跟斗。

1883年5月，中国一些投机商跟风炒卖，在上海市场以最高价位吸纳了五千包生丝。但随着外商洋行相约绝不收购中国生丝，这些投机商的信心开始动摇。到9月，生丝价格直线下跌，从一千四百两一包跳水，竟然跌到了五百两一包。而正当胡雪岩彷徨观望、不知所措的时候，李鸿章出手了。

左宗棠的战争借款都是以中国各海关的名义向外资银行申请的，其本利结算也是以左宗棠所辖省份的财政收入为担保，而具体担保人是胡雪岩及其钱庄，没有胡雪岩的签字，外商银行拒绝借款。就拿1877年汇丰银行的五百万两借款来说，以上海的"江海关"等几个海关的名义向上海汇丰银行借款，每半年支付本息一次，担保人是胡雪岩，若江海关到时不能及时足额支付本息，汇丰银行将向胡雪岩索取债务。

1883年10月，也就是生丝贸易战到达白热化、胡雪岩在谋划究竟是抛售套现还是再支持一下以求转机的时候，李鸿章分别给邵友濂和席正甫发了密电。前者是江苏的苏松太道的道台，也就是中国政府在上海的最高地方官，同时负责上海的江海关事务，是李鸿章的亲家；后者是上海汇丰银行的华人买办，上述1877年左宗棠五百万两借款就是他和胡雪岩签订的，他是李鸿章的好友。

这两封密电究竟说了什么，我们不得而知，但从如下事实就知道大概。按照合同，当月江海关应该向汇丰银行支付到期本息五十万两，可是邵友濂表示，江海关"恰好"没钱，无力支付。其实，由于各海关实力雄厚，若真有拖欠本息的事情发生，一般银行也会淡化处理，予以宽容。但此时席正甫却一反常态，公开高调地向胡雪岩发出法律文书，要求其履行担保人的义务，先行代偿款项。

原本这五十万两对于前年甚至去年的胡雪岩来讲，都根本不是问题。但是1883年10月的胡雪岩手上只有花二千万两白银购得的一万四千包生丝，现银根本没有。胡雪岩几经央求，席正甫却丝毫不愿通融。而且随着流言的酝酿发酵，一些知道内幕消息的大商家原本存款于阜康钱庄，知道竟然财大气粗的汇丰银行都已经开始逼债，于是纷纷找到胡雪岩，要求抽离存款。为了防止事态扩大以造成市场信心的崩溃，胡雪岩只有抛售套现。

根据档案馆保留的当时的一份合同，胡雪岩11月抛售的手上生丝，价格最低只有362.5两一包。也就是一万四千包生丝，胡雪岩卖得的现银只有五六百万两。他至少亏掉了一千四百万两的白银。而且各大商家对阜康的挤提更加猛烈，阜康钱庄手上的现银根本无法支付，于是，1883年12月5日，阜康钱庄关门倒债，胡雪岩宣布破产。

这时，能够令胡雪岩起死回生的，只有左宗棠。当时的左宗棠正好担任两江总督，上海正是他的辖区。1883年10月22日，也就是汇丰银行逼债最紧而上海道台邵友濂拒绝偿还的时候，左宗棠特意来到上海约见胡雪岩，两人秘密商谈了很久。但是两江总督能够制约上海道台，却不能制止汇丰银行的逼债，更不能制止各大储户对阜康钱庄的挤提，尤其不能缓解生丝贸易战中胡雪岩遭遇的困境。左宗棠能够做的，只是令江苏省财政拨付三十万两白银以帮助阜康钱庄渡过难关，但这对于胡雪岩遭到的重创而言，简直是杯水车薪，无济于事。

当然，此时左宗棠如果一直在背后支持，那么各路官僚和商家对胡氏想来也不会咄咄逼人。但事与愿违。1884年，清朝和法国交恶继而爆发战争，朝廷急忙免去左宗棠两江总督的职务，命他以军机大臣的身份去福州，担任指挥全局作战的钦差大臣。但此时左氏的健康状况已经每况愈下，无力支撑。第二年9月，左宗棠病逝于福州。此时家产荡然，困局于杭州一间出租屋中的胡雪岩知道，靠山倒了，自己再也没有了贞下起元的希望。当年12月，胡雪岩病逝。

人弃我取的乔家商道

在电视剧《乔家大院》中，乔致庸到省城参加太原府乡试，家中噩耗传来：内蒙古包头高粱霸盘，长兄乔致广心急猝死。乔致庸临危受命肩负起整个家族的命运。这个故事的确有着事实依据，也的确发生在包头，只是主角并非乔致庸的大哥，而是其二儿子乔景仪。所谓"霸盘"就是在农产品的收购、炒卖、投机活动中的垄断行为，在市场竞争中是一种绝杀对手的狠招，稍有不慎就会反噬到自己。乔家经营商业贸易金融，一向以仁义待人，极少使出这种绝招。而且古称"山右商帮"、今称"晋商"的山西商人集团内部一直以来都相当团结，也很少相互间如此剑拔弩张。

不过清代的晋商集团，除了贩运和票号以外，一些小商人的确是以农产品投机生意而发家的，乔致庸的祖父乔贵发就是个明显的例子。乔氏一门的兴起，他是个起点和重要坐标。后来乔致庸的经商之道、待人之道、持家之道，都能从其祖父乔贵发身上找到源头和影子。这一切，还需从乔贵发的童年说起。

乔贵发是山西省祁县乔家堡人，自幼父母双亡，是个孤儿。他吃百家饭长大，倒也自由自在，没有烦恼。他的邻居姓程，程家小女儿虽然比他小好几岁，但两人青梅竹马，感情融洽，因此乔贵发只有一个心愿——多挣点钱，早点娶程家姑娘过门。程家发现了女儿的感情苗头，自然不愿意将宝贝女儿许配给这个无父无母、无家无业的孤儿，一夜之间就将女儿远嫁到了邻县。乔贵发受此打击，痛不欲生，决定远走他乡，发誓不做出一番事业绝不还乡。那么，他去干什么了呢？拉骆驼！

当时是雍正年间，清廷刚刚和俄国政府签订条约，开放中俄边境的小城恰克图作为中俄两国双边贸易的唯一口岸，中国的丝绸、棉布，俄国的皮草、毛料就通过这个小城进行交换。晋商在明代就有着悠久的贩运贸易传统，如今边境一开，有钱的东主投资从汉口经祁县出张家口一直到恰克图的商路，而没钱的青年则在商路上辛勤从事贩运，由于当时主要交通工具是骆驼，因此这些商队中的苦力被形象地称为"拉骆驼的"。

这是中国贸易史上波澜壮阔的"大航海时代"，只是场景由海上换到了陆路，舟楫换成了骆驼。以山西人为主的商队顶风冒雪，万里穿梭，越过高原沙漠，不畏风沙苦寒，成为了中国近代史上唯一对外贸易掌握主动权的商业集团，恰克图市面上每年近千万两白银的总利润，也为晋商的成长发育带来了亮眼的经济基础。但是，就在如此灿烂前景下，拉了几年骆驼的乔贵发突然转行了。

很多年以后历史学家回顾美国十九世纪初期的西部淘金过程，发现真正致富的，没一个是淘金者，而最大的得益者，竟然是为淘金者制作长裤的犹太青年李维·施特劳斯（Levi Strauss），他创立的牛仔裤品牌"李维斯"（Levi's）至今仍是世界销量第一。这与后来被乔家总结为商道第一要素的"人弃我取"原则十分相似：一件生意，当别人趋之若鹜的时候，自己宁可退在一边，从事另一种不为他人注意的行业。乔贵发正是这么做的。当他"拉骆驼"赚到点本钱以后，就毅然退出了长途商队，在如今的包头地面上开起了豆腐店。

现在的包头在乾隆初年并非城市，连乡镇都不算，只是山西省下辖萨拉齐厅区域内最靠近蒙古草原的一个驿站，往来恰克图的商旅大多在此休整。此地长期干旱，尤其在秋冬缺乏新鲜蔬菜。正好乔贵发在家乡时学过如何制作豆腐，于是便在这个小驿站开起了豆腐店，顺便还用黄豆生豆芽。在缺乏蔬菜的当地，他的生意出人意料的红火，没多久，他又经营起了草料铺。商旅出包头直到恰克图，一路上是千里戈壁，无法补充给养，用现代眼光来看，乔贵发的草料铺其实就是千里之行的最后一个加油站，错过这一站，往后三四月的行程中再也采购不到粮草。加上乔贵发待人热忱，价格公道，因此他的草料铺总是生意最好，他也成了包头这个小驿站的富翁。看到他生意这么好，许多商家也纷纷汇聚在他边上开店，这样，包头就从小驿站渐渐成了小乡镇，人口有了两三千，许多垦荒的农民也逐渐就近住下开垦。

周围农产品产量形成规模后，乔贵发便做起了使他成为巨富的农产品期货交易，当地俗称"买树梢"，即是开春就付给农民现银，定下了秋收时农产品的价格和数量。等秋收时候无论丰收还是歉收，农民一定要按照开春商定的价格和数额交粮。所谓"买树梢"，春天在树梢上只见叶子和花朵，秋天的收成难以估计。此时付钱，若秋天果实丰收，则是买主大赚，若是果实稀少，则是买主大赔。这非常考验买主的意志和眼光，旁人也难以跟风。而乔贵发凭着自己卓越的判断力，从不失手，几年下来，成了巨富。

乾隆二十年（1755），发了大财的乔贵发开设了商号"广盛公"，经营范围广泛，几乎涵盖了所有生活必需品，以粮油绸布为主，兼营典当钱庄，是当地第一大商号。这商号后来改名为"复盛公"，此后两百年来，"复盛公"一直是乔家的基础产业，也是包头的核心产业。至今此地还有"先有复盛公，后有包头城"的说法。

就在广盛公商号最为红火的时候，乔贵发突然回到了久别的家乡祁县。因为他听说，青年时代暗恋的那个邻家小妹程姑娘的丈夫去世了，已经带着孩子回到了娘家，孤儿寡母生活凄苦。于是他立即带了一大笔钱从包头启程，回乡置地造房，然后迎娶程氏过门。为了避免程氏的担心，他定下了两条约定：（1）程氏和前夫所生的孩子算是他自己的长子,在今后分家析产时不受歧视,和其他亲生儿子一视同仁;(2)他今后不得娶妾,子子孙孙也不得娶妾,永为成例。根据家谱记载,乔贵发和程氏结婚的时候,已经四十八岁了。这么漫长的等待和如此圆满的结局,令人感动。

乔贵发回祁县娶妻以后,将自己在包头的生意全权交给掌柜打理,自己再也没有离开家乡。他一共留下了三房儿子,长子就是妻子程氏嫁过来时候带来的前夫之儿,后两个儿子是亲生。临终时,他将家产均分,商号的股份也均分,但经营方面让三儿子乔全美处理。乔家的事业就这么非常平顺地薪尽火传,乔全美去世后,包头的生意又交到了其大儿子乔致广手中。乔致广突然去世后,他的弟弟乔致庸就成了乔家产业的当家人。

乔致庸比哥哥乔致广要小二十岁,从小喜欢读书,因此家里人也从不让他涉足生意,希望他能够勤奋用功,在科举上为乔家挣点面子。所以三十几岁的人了,乔致庸对于家里做什么生意以及如何做生意,简直是一无所知。但是乔致广的突然去世使他必须面对巨大的压力,而首先要搞清楚的,是今后乔家的生意,究竟如何进行?

这时是咸丰年间,别说乔家,整个晋商的生存环境都发生了巨大变化。山西商人最早在雍正年间开拓恰克图商路的时候,给俄国人带去的货物仅仅是丝绸和棉布,但俄国人却对晋商随身携带饮用的茶叶发生了兴趣,所以饮茶在俄国人之中渐渐由好奇变为时尚,由时尚变为必需。其后的一百年间,茶叶在恰克图的交易量上涨了三百倍,到十九世纪四十年代,茶叶已经成为中俄贸易的最大宗,绸缎、棉布反而成了陪衬。如此贸易额必定带来丰厚的利润,乔家自然不甘人后,在恰克图也开设了茶叶行"恒隆光",是此地商号中较有规模的一家。

可就在此时,太平天国运动席卷了整个南中国。销往俄国的茶叶原本都产自福建武夷山区,然后进江西经鄱阳湖过九江口入长江,在武昌转汉水至襄樊起岸,由河南进山西中转,最后运抵恰克图,一百多年来一直如此。但湘军此时和太平军在江西等地反复进行拉锯战,商路断绝。对此变局,各大商号的财东、掌柜们都一筹莫展,长吁短叹。恒隆光商号的掌柜也急得从恰克图来到包头,和刚到此地的乔致庸会合。他告诉新财东,乔家的茶叶生意起步比其他商号要晚,现在才进入佳境,万一供货不足,很可能会关门大吉。乔致庸比他更烦恼,没想到自己刚刚接手生意,便遭到如此困境。

乔致庸儒生风范,喜欢读书,尤其在伤脑筋的时候。这天,他正在想着如何解决茶叶的来源,随手翻起了《宋史》。忽然他一激灵,想到唐朝的茶马古道是由云南的古道沟通四川和西藏,那么宋代尤其是南宋,西南已经隔绝,茶叶的产地和运向北方的通路又是哪里呢?于是他找来了史书和地图细细研究,终于手指定格在一个当时没人留心到的地名——"羊楼洞"上。这个处于湘鄂交界处的小镇在宋代就是著名的茶叶产地,也是南宋"茶马古道"的起始点。

乔致庸想了一夜,第二天清晨就和掌柜跃马上路,他要重新走一遍这条南宋古道,并看看这个羊楼洞如今是否还生产茶叶。羊楼洞属于蒲圻县,毗邻赤壁古战场,山清水秀,交通便利,无论是经长江直接出海还是由武昌北上襄樊到山西,都非常方便。但是令乔致庸遗憾的是,当地人已经很少种茶,而且即使还有茶叶也是普通绿茶而不是砖茶,不符合出口俄国的要求。

乔致庸陷入深深的思考。如果乔家要继续经营茶叶生意,那么必须在羊楼洞有大规模的投入,先要斥巨资收购山地,然后从种茶叶开始到制作砖茶,需要大量的时间、金钱和耐心;如果放弃,那么乔家损失的将是涉足未深的生意,损失不大,但是恒隆光茶庄必须关闭,那么在其中服务多年的伙计又怎么忍心遣散。乔致庸想到自己父亲乔全美留下的家训:"慎待相与"。即所有和乔家有合作关系、生意关系、从属关系的人都要友好谨慎地对待，乔致庸自己也一直以儒商自居，对内仁，对外义，对上礼，对下信，谋事智，行事勇，这些一直是他引以为原则的行为方式，绝不能因为一时生意的起落就对不起员工，也绝不能因为一时时局的变化就放弃生意。

乔致庸决定，投入巨资在羊楼洞购置山地请当地乡民种植茶叶，再设立作坊制作砖茶。其实作出类似决定的晋商并不是乔致庸一人，当时还有些山西茶叶商人选择了湖南安化做茶叶种植、制作基地。但是由于乔致庸的儒生特质，比其他商人拥有更丰富的历史地理知识，因此慢慢晋商发现，羊楼洞的交通位置更加便捷，而且距离武昌这个中南地区的经济中心非常之近，方便资金、人才、物流的调动。所以没几年晋商就聚集到乔致庸身边，羊楼洞成了中南地区最大的茶叶生产和集散中心，人称"小汉口"。

在乔致庸的努力下，生意没接手几年，茶叶就成了继复盛公之后乔家第二个经济增长点。1862年，乔致庸特意在祁县县城开了家叫"大德兴"的茶庄，作为处理茶叶出口的中枢企业。但就在此时，他又面临了新的麻烦。第二次鸦片战争以后，清廷和俄国签订一系列不平等条约，中国全面向俄国开放内地口岸。就在乔致庸信心十足开设大德兴准备大干一场的时候，俄国茶叶商人也来到了湘鄂边界设立转运站，将茶叶由汉口经长江运至上海，再通过海路至天津，再走陆路通过恰克图回国。走陆路的晋商则需要在一路上向六十余个关卡缴纳厘金，这样算下来，运送同样数额的茶叶，晋商缴纳的税费是俄商的十倍之多，完全丧失了竞争力。晋商也开始试探走和俄商一样的水路，但被清政府告知，即使走水路，也需要缴纳和走陆路一样高额的厘金。如此，恰克图的山西商号陆续关闭，到1868年，从原来的一百二十家直线下降至四家，事实上已经全面崩溃。看来，乔致庸需要一个新的突破——进攻是最好的防御，与其被咄咄逼人的俄商逼得破产，不如破釜沉舟，超越恰克图，直接进入俄国的疆域进行贸易。

乔家的生意做了三代人，无论乔贵发、乔全美还是乔致广，从来凭着商路和客户吃饭，完全和官府不发生关系。但此时的乔致庸对这一做法的信心动摇了。他开始试图结交官府，通过高官以影响朝廷，使得当局政策朝有利于自己的方面转变。官商结合，这也成为了乔家今后的经商原则之一。乔致庸的文化底子使得他的说服头头是道，诚挚恳切，要求当局减免晋商的厘金，如果他们愿意北上进入俄国贸易的话。

也是巧合，此时的俄国也发现中俄边境的恰克图已经衰落，于是照会清廷，要求进入中国的北境腹地张家口设立领事馆和通商口岸。张家口和首都北京之间没有任何地理屏障，而且是朝廷控制内蒙的枢纽，当然不愿意给俄国人设立前哨站，所以朝廷当即同意了乔致庸的请求，允许以晋商为主的中国商人北上进入俄国直接贸易，过路的厘金全免。如此恰克图恢复了边贸枢纽的地位，那么俄国政府也就没有理由提出进驻张家口了。

得到政府支持的晋商如虎添翼，尽力将自己的贸易触角向俄国内地渗透。晋商向俄国进军的第一年，1869年，即销售茶叶十一万担，同年俄国商人自己运回国内的茶叶销量也是十一万担，晋商与俄商打了个平手。此时的乔致庸迅速在莫斯科、赤塔、新西伯利亚等俄国重要商贸都市设立办事处，以求扩张业务。较量到第三年即1871年，晋商的销售量已经是俄商的两倍之多，晋商大获全胜。

在俄国境内进行茶叶贸易，无论对于乔家还是整个晋商集团来说都是前所未有的尝试，乔致庸不敢轻忽，事必躬亲，总是不辞劳苦跟着驼队深入一线，也跟着账房一起收账汇款。他发现，付款的俄商支付的总是山西那些赫赫有名的票号开出的银票，这引起了他的深思。在国内行商的时候，自恰克图经包头到祁县，乔家都有自己固定的驼队往来运输货物和银两，并有专门的保镖队伍。乔家自乔贵发开始就开立了当铺和钱庄，但乔致庸始终没有想过要开设票号，更没有想到自己今后会将目光投向金融业。乔致庸拿着银票想到，自己也有遍布国内的销售网络，贩卖货物是赚取差价，而开设票号，不仅能够赚取"汇水"（即汇兑费用），还能够借别人汇款的时间差来放贷牟利。

1881年，乔致庸在祁县开设了乔家第一间票号"大德恒"，这象征着乔家从此渐渐将业务重心由茶叶转向了金融。此时茶叶贸易也渐渐走向了末路。乔致庸经常南下考察由蒲圻县到祁县的茶叶商路，发现无论在湘鄂边界还是在汉口，俄国商队越来越多，而且俄商在汉口、九江等地已经扎下根来，投资设立了蒸汽能源的制茶厂，将湖广地区运来的茶叶原料压制烘干成砖茶运回国内，产量之高是手工作坊为主的晋商所无法企及的。1884年，乔致庸下决心结束茶叶生意，但是不解散伙计，而是将大德兴茶叶行改组成大德通票号，从此全新走向金融之路。乔致庸的眼光非常敏锐。自他退出茶叶生意之后，俄商在本国的中国茶叶销售量高达六七十万担，而晋商的销售量只有几万担。两者相较，晋商完败，甚至因为赊销，这些茶叶商在俄国竟然有总额六十余万两的货款不能收回，晋商最终铩羽而归。比起他们而言，乔致庸非常幸运。

而乔致庸虽然转型逃过了事业的失败，但转型成功与否还未尝可知，因为最重要的问题是，乔家从无经营票号的经验，谁来担纲这笔生意，成了最大的问题。乔致庸首先是"内部提拔"。原先商号中的伙计都是学徒出身，虽然没什么学识，却忠诚可靠，乔致庸管事这二十年来，也深知了他们的能力和秉性。比如大德兴茶叶行的高钰，乔致庸是看着他进铺子，作为一名学徒慢慢成长的。后来茶叶行转型成了票号，乔致庸高薪从其他票号挖来了好多经理、管事、伙计过来，年过三十的高钰回到了学徒的地位，从头学起。这一切乔致庸都看在眼里。

还是在茶叶行时期，高钰便常为太原的山西巡抚衙门采办一些国外的珍稀物件以向上孝敬，得到了时任巡抚的张之洞的赏识。待张氏就任湖广总督，高钰建议乔致庸出资支持张举办现代工业，作为回报，张对于乔家在两湖的产业和商路多有照顾。1896年，高钰被乔致庸任命为大德通票号的总经理。由于高钰非常善于结交官府，因此深得官场中人信任，这也是乔致庸任命他的主要原因。1900年庚子事变，慈禧太后和光绪帝仓皇辞庙避难，经过山西的时候，经高钰筹划安排，借宿于祁县大德通总号，一时天下知名。慈禧对此自然有回报。《辛丑条约》签订后，清廷支付给列强的赔款由指定的几家票号汇入汇丰银行，大德通票号即是其中之一，赢得了丰厚而长期的利润。

清末，高钰得知瑞澄升任湖广总督，立即命令汉口分号收缩业务，只存不贷。因为他也非常熟悉瑞澄，知道其人能力孱弱，为人颟顸，他掌权以后，湖广地面上不是经济萎缩，就是市面动荡。果然又被他看准了，辛亥革命的爆发点就是瑞澄治下的武昌城。经此战乱，武昌几乎所有的票号、钱庄都破产，只有乔家的票号还牢牢地生存在这里。

乔致庸在考虑大掌柜的人选的时候，总是把此人是否具有结交官府的能力作为最基本的标准。按照这一原则，他非但"内部提拔"，还要"外部猎头"。平遥蔚长厚票号福州分号经理阎维藩某天慷慨地借给闽浙总督府一个小官恩寿十万两白银，供其回京城活动，谋求个更大的官职。阎维藩是这样考虑的——这个恩寿是八旗子弟，父亲生前曾是高官，在朝廷中人脉广泛，他自己又是进士，有着十足的晋升阶梯，因此十万两值得投资。不料蔚长厚总号知道以后大为恼怒，斥责他不该如此孟浪。阎维藩辩解无效，只能留下给东主的借据一张，说这十万两算是自己借的，今后定会本息归还，然后辞职，回山西祁县的老家休息去了。

这事情没几天就在晋商圈子里传开了。乔致庸的另一家票号大德恒正缺个总经理，乔致庸一听这个传说，当下觉得阎维藩果断精明，是个可用的人才。乔东家盼咐次子乔景仪，"快备轿途中迎接，切不可让此人落入他家票号之手"。乔景仪备了八抬大轿，两班人马，迅速前往距祁县县城二十余公里的官道口等候迎接。不几日阎维藩骑马来到了官道口。乔景仪迎上前去，一边施礼，一边说明来意，并特意说明他父亲的殷切期望。阎维藩听了乔景仪之言语，大为感动，阎说："乔家富甲三晋，财势显赫，名声远扬，能对我如此礼遇，实在是三生有幸啊！"说罢，乔景仪便请阎维藩乘坐八抬大轿，并说这是他父亲的安排。阎维藩是从大世面闯荡过来之人，又知书识礼，对乔家初次碰面便给予这么大的礼遇，只表谢意，不肯乘轿。乔、阎一番礼让，最后，阎氏只好把衣帽置于轿里，算是代他坐轿，骑马与少东家乔景仪并马而归。

阎到乔家，一番盛情款待，不在话下。之后年仅三十六岁的阎维藩被委以大德恒总经理的职务。阎维藩感激乔财东对他的知遇之恩，在主持大德恒票号的二十六年间，殚精竭虑，尽心运筹，使大德恒票号业务日新月异，生意兴隆，发展很快，先后在北京、上海、天津、汉口、沈阳、营口、呼和浩特、张家口、开封、长沙、重庆、广州、香港等地设立分号二十五处。在阎维藩主持大德恒期间，由于阎氏的精明才干和应变之策，大德恒平稳度过了战乱动荡的年代，赢得了丰厚的利润，每三年一个账期，最高年份每股可分得红利一万两银子，平常年份也可分到七八千两银子。阎维藩为乔东家的票号金融业立下了卓著的功绩。阎维藩也成为山西票号界一位不可多得的著名经营家。

顺便说一下，当年阎维藩投资的恩寿在两年后果然升任陕西省道台，后历任山西巡抚、江苏巡抚，在事业上给了乔家极大的帮助。

我们已经提到过两次乔景仪了。他那次高粱霸盘虽然成功，但闯了大祸，被仇家追杀。得知消息后，他当晚就从包头骑马直奔祁县，千里之遥，不敢休息，终于平安到家，还真要感谢那匹坐骑的付出了。为了答谢这匹马，乔家从此就卸了笼头，让它自由自在于马厩中吃着喝着，逍遥自在。乔家对家畜牲口都那么仁义,更别说对人了,这正是他们家风的体现。

乔致庸的治家之道,有四个来源,即是他祖父的家规、他父亲的家规、他自己的经验,还有就是从儒家学说中他总结的规矩。这些规定都很具体:(1)不准抽鸦片;(2)不准纳妾;(3)不准虐仆;(4)不准赌博;(5)不准酗酒;(6)不准冶游。制定家规杜绝了祸起萧墙的根由,又成为家庭持盈保泰的保证。乔家对于这些规矩一体凛遵。曾经有一位叫乔映元的后辈因为妻子有残疾不能生育,于是破例娶了个小妾,一直被族人非议,在弟兄之间抬不起头来。

乔致庸的行政管理也和家规一样,既严格,又充满温情。包头"复"字号老店复盛西粮油店生意一直非常清淡,乔致庸感到非常奇怪,还以为是竞争太剧烈导致的,也没放在心上。而且晋商有规矩,生意由掌柜全权负责,连财东都不能干涉,一年到头只能根据年终的决算报告作决定。有一个除夕,乔致庸听到门口有人吵吵,就叫了仆人进来问原因。仆人说,门口有个自称是复盛西掌柜的人求见。乔致庸急忙说:"你怎么不让他进来?"仆人说,这人衣衫褴褛,一看就是个骗子。

乔致庸放心不下,还是决定自己看看。走到门口,发现此人的确不是复盛西的掌柜,就好奇地问道:"你来找我有什么事?"这人说,我叫马荀,是复盛西手下一间小店的掌柜,今天是来辞职的。乔致庸问原因,马荀回答道:"因公因私两个原因。一是因公。我们小店依附在复盛西之中,但是复盛西生意很差,我们呢生意很好,每到年底,复盛西的大掌柜都抽走我们的钱,弄得他们一年没干活还是富得流油,我们辛辛苦苦做了一年,却得不到基本保障。""那么,因私又是什么?"乔致庸问道。"我觉得收入分配实在不公平,所以才想辞职。"乔致庸奇怪地问道:"为什么这么多年来,大掌柜从来没有辞职的呢?"

马荀就告诉他,大掌柜每年有丰厚的分红,当然不愿意辞职。但普通员工,做多做少,做好做坏还不是一个样?乔致庸听罢,说小问题我来解决,大问题让我想想办法。何谓"小问题"呢?就是马荀任掌柜的小店的经营问题。乔致庸当下就拿出几百两银子,要以此作为本钱,让马荀脱离复盛西后,好好地经营下去。

过了半年,马荀非常惊愕,因为乔致庸又提升他做复盛西的大掌柜,然后告诉他,他当初提出的问题,已经想到了解决办法。原本商号入股,那是"现银股",现在乔致庸认为,必须让普通职工也能享受到主人的利益,他们以自己的智慧、经验和精力为老板服务,也应该折算成股份,叫作"顶身股"。员工究竟能够有多少顶身股,和其年资、职务、功劳有关,顶身股不能转让,不能遗传,但是每年都根据比例分红。

乔致庸对内仁爱,对外信义。包头复盛公旗下有家通顺油坊调了大批胡麻油往祁县销售。不料店中伙计贪图厚利,竟然以次充好,将一部分油品调包。其实对于非专业的顾客而言,这油品的好坏根本就分辨不出,但乔致庸知道以后立即命令掌柜全城贴出告示,说明这几天销售的胡麻油以次充好,呼吁消费者快来退货或调换。这就是乔家"维护信誉,不弄虚伪"的经商准则。

乔致庸还有一条经商原则,那就是官商结合,以自己能力尽量结交官府中人。比如上述的大德通票号总经理高钰,照说总部在祁县,他就应该一直待在祁县上班喽?不是的。高钰几乎是四海为家,以结交高官为主要业务。通过张之洞,他和端方、赵尔巽等清末著名的"清流"高官都保持着良好的关系。更有甚者,赵尔巽在哪里为官,他就在哪里,简直成了赵氏的财政幕僚。这样,朝廷有什么政策变化,乔家就会第一时间知道;而在可控范围内,乔家也尽量会让这些政策朝自己有利的方向发展。

但是乔家又有祖训,就是不建议子孙做官。官场险恶,波诡云谲,不知道哪一天灾难就会株连到全族人头上,还是慎重为好。这种利用官府但自己不入官场的作风,也正是晋商务实作风的最好写照。

史上"第一巨贪"和珅：传说与真相

财　富

嘉庆四年正月初三日，太上皇乾隆帝驾崩；初八日，其最为宠幸的重臣和珅即被"革职拿交刑部，在京家产均被查抄"。嘉庆帝还不依不饶，连发上谕，要求将和珅于热河的房产和蓟州的坟茔一并查抄。和珅有着一长串耀眼的头衔：封一等忠襄公，任首席大学士、领班军机大臣，兼管吏部、户部、刑部、理藩院、户部三库，还兼任翰林院掌院学士，但此时的他，丝毫没有公爵首辅的威势，而只是瑟缩在刑部大狱中一名破家待罪的囚犯。对他的结论很快就作出了，十六日，嘉庆帝宣布和珅的二十条大罪，两天以后，"赐令自尽"。此时距乾隆帝的去世，正好半个月。

而民间显然对于和珅的财富更感兴趣。一般而言，野史上对其家产的评估，有八亿两和十一亿两白银两种说法，相当于清朝当时十到十五年的财政收入。对此记录最为详细的是《庸庵笔记》，在"查抄和珅住宅花园清单"条中，作者薛福成列出明细，遂为后世史学家所一再引用。但这份来源不详的清单中，作者也只能统计出能够折合现银的部分，差不多是两亿两千四百万两，和坊间传说相差极大。但即便是这么个数目，薛福成自己也产生了疑惑，对这份清单表示并不信任。因为当时嘉庆朝的上谕档案已经流传于世，照嘉庆四年正月十六日颁布的二十大罪状中的第十七、十八条，"家内银两及衣物等件数逾千万"，"且夹墙藏金二万六千余两，私库藏金六千余两，地窖内并有埋藏银两百余万"，此是现金。再加上各处土地一千二百六十六顷；各处收租房屋一千零一间半；借出本银所开当铺十二处，及仆人家奴开设当铺共八处；当铺、房、地共计价银二十万三千三百两；放债银两共计二万六千三百一十五两；八十辆大车共折银九千六百两。上述这些数据相加，也不过一二千万两白银之数。这个数字已经被一般的清史学家所接受和采纳。甚至还有更加谨慎的历史学家认为，除了不可估价的珍宝首饰、古玩字画等物品以外，可估计的家产总值仅在三百八十五万两左右。

　　事实上，就在和珅案爆发以后，已经有朝臣对于和珅仅仅查抄出这么少的资产有所疑惑，因此嘉庆帝特令亲王大臣会审为和珅长期管账的四位使女——也有人说，她们的真实身份其实是和珅的小妾，所以长期掌管和府的簿记账册。根据审讯，其数目和上谕等官书中所列明的一样，确实没有隐瞒转移等情事。嘉庆帝特意为此事还颁发上谕作了说明。照说此案到这里已经非常明确，但民间依然是流言汹汹，甚至出现了多份煞有介事的"查抄清单"。

　　当然，无论和珅拥有的现金现银是多少，其贪渎受贿乃有巨额家产已是事实。因为根据档案，和珅所拥有的许多珍宝都是皇宫大内所无，或者数量多出数倍，这些珍宝和如此财富究竟从何而来？无非是利用权力贪污、受贿、勒索，以及合法经营。

　　　　贪污。和珅长期主管内务府，各地大臣进献的贡品，首先要通过其手才能被皇帝见到。有一天和珅偶遇匆匆进宫的两广总督孙士毅，见他手上拿着个鼻烟壶，由整颗鸡蛋大的珍珠雕琢而成，精美异常。孙士毅似乎看出他的心思，就说这是安南国的贡品，已经列于清单，他即将进贡。没过几天，和珅又"邂逅"孙士毅，手上也拿着个珍珠鼻烟壶，问孙道："这个比你那个贡品，怎么样？"孙一看，就是自己带来的安南贡品，大为惊骇。他后来经多方打听，才知道和珅太爱这个鼻烟壶了，特意去内务府以次充好，掉了个包，偷偷地将贡品拿了出来。和珅就是用这种方法偷梁换柱了许多大内珍宝。据后来抄家，他所珍藏的珍珠手串、宝石的数量和质量，都远高于大内珍藏，令嘉庆帝非常愤怒。

受贿。由于和珅位高权重，因此想借此升官而在北京活动的官员必定要去拜访他。某天山西巡抚进京求见，带了二十万两白银前来叩门。开门的是个年轻仆人，问了一声："黄的还是白的？"一听是白银，仆人似乎意兴索然，就如数点收，然后随手写一张收条，说，"这就是回执，你拿去为证吧。"巡抚不禁感慨道，出了二十万两，连和珅的面都没见到。可见他受贿的数量有多么巨大。

勒索。和珅担任户部尚书的时候，设立"议罪银"制度，即朝廷可以随时指控各地的督抚、盐政、织造等"肥缺"官员贪污，如果这些官员想免于追究，必须通过户部（其实就是通过和珅）向内务府缴纳十万两到几十万两的白银"赎罪"。这些钱不通过国家财政体系，直接作为内廷的营建、出巡、生活费用。名义上钱是归乾隆帝的内库所有，事实上和珅可以予取予求，随意借"反贪"来向各地大员勒索"议罪银"，以中饱私囊。

合法经营。根据官方档案，和珅拥有十二处当铺（加上其奴仆家人开设，共有二十处），还有一千多顷农田。而这些农田，正是和珅利用当铺所换得，这是他出色财技的一个展现。一般而言，土地只有买卖，没有典押，但和珅的当铺却经营此项目。地主将地契做质押，在和珅的当铺中借贷资金。如果到约定时间（一般是十八个月）地主有钱赎回，自然需要支付高额利息；如果不能赎回，土地即归和珅所有。而当时当铺贷出的资金远低于地价，因此和珅如此运作，远比市场上直接购地要合算。根据档案，和珅甚至还有大车八十架，用于长途贩运以牟利。需要说明的是，中国传统金融业中，房地产从来不做典押品，就是为了避免随之而来的法律和道德纠纷，而一般商人也不敢做长途贩运，怕的是各地黑白两道的勒索。但和珅位高权重，这些风险自然不在话下。这既证明他虽然经营有道，但也是以权谋私；也证明他长袖善舞，在商业经营上算是费尽心机，蝇头小利都不放过。

发　迹

其实即使没得到乾隆帝的赏识，和珅想必一辈子过得也不会差。他相貌俊俏，仪态优雅，又好学上进，精通儒学。和珅本来出身于满人官宦之家，父亲为福建都统，家境尚可。但是他三岁丧母、九岁丧父，当父亲去世时，他刚进了当时专为满洲贵胄子弟设立的贵族学校——咸安宫官学读书。这个学校每年全国才招生八十人，不收学费，但生活费须自理。和珅为继续学习，只能在老家人刘全的带领下四处告贷。到十三岁那年，钱再也借不到了，于是他只能卖掉祖传的十五顷农田，继续求学。

咸安宫官学的教师大多出身翰林，学问渊博，知识广泛。和珅在其中学会了满、汉、蒙、藏文字，并精通四书五经和汉诗写作，成为出类拔萃的满人才子。（据说在课余时间，和珅还仔细揣摩乾隆帝的诗作的撰写方法和表达惯例，从中体会皇帝的好恶。）他如此出色，因此十五岁就被内务府大臣、户部侍郎英廉看中，将孙女下嫁于他。英廉的儿子和儿媳都早逝，只留下个孙女，视如掌上明珠。英廉在孙女十岁出头的时候，就经常到满洲"贵族学校"中考察，看看哪位入学的亲贵子弟勤恳好学，稳重端庄，最后他相中了和珅。

然后英廉又将和珅推荐入宫，任三等侍卫。这是个令人尴尬的职务，说是荣耀吧，的确，这个位子只有满洲亲贵子弟才能担任，而且还不时能够亲近皇上；说是辛苦吧，的确，"侍卫"只是个好听的说辞，其实不过是高级一点的轿夫而已，一个抬轿子的，能有什么前途？

正史上没有提及乾隆帝与和珅的相遇是如何"擦出火花"的，这留给了野史很大的想象空间。有些传说比较靠谱。某天乾隆帝突然出巡，属下侍卫在慌张忙乱之间竟然忘记张起黄盖，乾隆帝非常恼怒，随口说道："是谁之过与？"此句出自《论语》。这时，边上有位"高级轿夫"朗声对曰："典守者不得辞其过！"此句出自《四书章句集注》，正好是朱熹对"是谁之过与"的批注，用在此地，恰如其分，这不仅表明应对者心思机敏，而且证明其熟读经典精通儒学，正是乾隆帝赏识的那种类型。

乾隆帝自然非常惊喜，令这位"高级轿夫"出列，一看之下，眉清目秀，英气逼人，他就是二十五岁的和珅。皇帝就问，你这么有学问，怎么仅仅是个秀才？和珅说，去考了举人，没考上。皇帝说，那你能记得自己的应试文章吗？和珅当时就发挥了他另一项天赋——超强的记忆力，将自己顺天府乡试的科场文章一字不漏地背了出来。皇帝一听，说你文章写得非常好，完全有资格中举。主考老师不升你的官，我来升。于是擢升和珅为御前侍卫，授正蓝旗满洲副都统，正式进入了上升通道。

之后，和珅每年都有数次升迁。令人觉得有趣的是，和珅被后世称为"有史以来最大的贪官"，而他三十岁那年所取得的皇帝真正赏识的实绩，却是去昆明侦办了云贵总督李侍尧的贪渎案。乾隆四十四年（1779），当时和珅还是户部侍郎，接待了来京"谢恩"的海宁。这位海宁曾担任贵州按察使和云南粮台，因不为云贵总督李侍尧所喜，被弹劾而调任沈阳。海宁于是大为恼怒，乘进京的机会将自己整理的李侍尧贪污的证据密报给和珅。于是和珅在奏明皇帝以后，来年正月远赴昆明查办。

李侍尧是清朝开国功臣之后，父祖辈和自己都是朝廷高官（他自己非但是总督，还身兼中枢大学士），根本不把一个年仅三十的侍郎放在眼里。和珅也不和他正面交锋，当即秘密逮捕了李侍尧的内务总管李一恒，严刑拷打。由于事先已经掌握了海宁的举报材料，因此审讯方向没有走偏。在和珅有的放矢的引导下，和珅全面准确地掌握了李侍尧的罪行。如此，和珅还是不和李侍尧正面接触，又迅雷不及掩耳地逮捕李侍尧在云南的亲信，根据自己掌握的情报正面威吓、侧面引导。于是这些大员心防崩溃，很短时间就交待了一系列贪腐罪行。在如此严密完整的证据链面前，李侍尧再也无法抵赖，只能乖乖地束手就擒，跟着和珅来到北京听凭皇帝发落。

这件案子使得皇帝相信，和珅不仅生性机敏，学问渊博，在处理政治事件上也是精明能干，颇有手腕。当时乾隆帝就想提和珅为云贵总督，但还是觉得他资望不够。和珅还在回北京的路上呢，就升任了户部尚书，进入权力核心。后来史书上经常说和珅"当国秉政二十年"，就是从这时候算起的。

乾隆皇帝有多么信任和珅？

乾隆帝信任和珅的第一个故事。和珅和乾隆帝关系非常亲密。这两人岁数相差四十，在古代已经是祖孙辈分。但是乾隆帝却把自己最宠爱的十女和孝公主许配给和珅的独子丰绅殷德，使自己与和珅成了平辈的儿女亲家。据说私下里两人如同家人般熙熙融融，根本见不到君臣分际，壁垒森严。和孝公主没有嫁过去的时候，就称和珅为"丈人"。乾隆晚年，宫里设有模仿民间市井生活的"乐园"，有模拟的餐馆、旅社、商店、菜场等，供皇帝体味普通人的生活。某天皇帝带着女儿在其中"逛街"，和珅随侍。公主看到"服装店"中有一件大红的夹袄出售，十分喜欢，如同市井间小儿女一般，要父亲帮她"买下"。乾隆帝笑道：

"你已经许配给和家了,喜欢的话,可以向你丈人要啊。"和珅于是掏出二十八两银子"买下"了这件衣服。

乾隆帝信任和珅的第二个故事。和珅所担任的户部尚书总管全国财政赋税,自然是个肥缺。因此和珅就将自己担任的另一个肥缺——崇文门税监让自己的老家人刘全代管。刘全名义上是和家的仆人,其实与和珅恩同父子。和珅三岁丧母九岁丧父,家中虽然略有积蓄,但也坐吃山空,经常柴米不继乃至不能举火。若非老家人刘全细心呵护甚至四处告贷,和珅和琳兄弟怕不能健康成长,更别说接受教育,学有所成了。刘全代管了崇文门税务后精于敛财,遂"服用奢侈,器具完美",当时就受到了御史曹锡宝的弹劾。

但是乾隆帝接到奏章便处处回护和珅。他竟然认为,刘全既然代管税务,手上油水多也是正常,由此推测到曹锡宝会不会是自己亲戚被刘全因征税问题得罪过,因此伺机报复。乾隆帝还认为,朝廷的满洲大员家产丰饶是非常正常的一件事,故而手下奴仆衣食奢侈、车房华丽是可以理解的。他进而认为,要弹劾和珅的家仆自然可以,但如果其他满洲大员之家仆的生活水平有超过和珅家的,那么曹锡宝首先应该弹劾他们,其后才轮得上和珅。然后他分析曹锡宝弹劾的目的是邀功,通过此事得到皇帝赏识,以求外放一个肥缺。如此,曹锡宝竟然从一个明察秋毫的监察官变成了"所见甚鄙"的阴谋家,由原告落到被告,最后受了个"革职留任"的处分,郁郁而终。后和珅事败,刘全也被抄家,共计资产二十万两,可见这位御史之弹劾并非空穴来风。

此事发生在乾隆五十一年(1786)六月,和珅非但没受影响,反而于一个月后即提升为文华殿大学士,名列首辅统领百官,成为事实上的百官之长。此事在和珅的个人史上非常重要,从此他知道乾隆帝对其信任简直难以撼动,而且即使有所贪渎,皇帝心中也会对他呵护包庇。"大僚恃为奥援,剥削其下以供所欲"。历史学家认为,"政以贿成,人无远志，清王朝由此从鼎盛开始走下坡路了"。

乾隆皇帝为什么信任和珅？

在乾隆帝当政期间，和珅获得了高度的信任。那么他是如何做到的呢？首先，这与和珅自身的才华有关。乾隆帝是清朝的皇帝，当然也是满洲八旗的大家长，他自然希望自己的满洲子弟能够文武全才，担负起忠君卫国的大任。可惜满人向来重武轻文，因此文才再好，也不过及得上一个普通秀才的水平。何况八旗子弟天生有祖上荫庇世袭爵位，因此无须通过科举就能谋取功名。但乾隆一向以诗人和学问家自居，非常希望满族后辈中也有文采斐然、精通经典的彬彬文士。和珅的出现正好符合了他的愿望。

其次，和珅本人的确聪明，尤其能够揣摩皇帝的心思。有一次和珅进宫，问小太监：皇上昨晚在干吗？答曰：皇上因为要出今年"考状元"（即遴选进士）的考题，在看书。和珅又问：看什么书？答曰：《论语》。和珅笑道：我知道今年的考题了，一定是《论语》中的"乞醯"一章。（"醯"就是食醋。现代人将山西人戏称作"老西儿"，其实原字是"老醯儿"，指的是山西人爱用食醋。）"乞醯"是《论语》中的一个章节，因为当年是乙酉年，和珅想，皇帝既然翻阅《论语》，那肯定会从"乙酉"联想到"乞醯"。结果是，这个考题果然被他猜中了。这故事本身没多少意义，但从侧面反映出，和珅已经对皇帝的心思了如指掌。

乾隆帝信任和珅的第三个原因，是和珅有杰出的生财之道，能够满足皇帝穷奢极欲的挥霍。乾隆帝一直号称自己是个勤勉节俭的君主，无论营建宫室还是历次南巡，都不花国家财政的钱粮，只动用自己内廷的私藏。事实上乾隆帝挥霍无度，营建圆明园等皇家园林，所耗费白银近一亿两；而每次南巡，都要携带文武百官，妃嫔宫女，一千人的卫队，大小船只千艘，马匹四千。要维持这些浩浩荡荡的人马四五个月的开销，是个惊人的天文数字。因此自乾隆三十年（1765）后，就不再南巡。

但是，到了十五年后（1780），南巡重新开始，因为皇帝的内廷金银又开始饱满，而同年又举办了七十大寿的庆典，圆明园更是扩建得辉煌壮丽。这一切都是因为在之前的五年，和珅担任了总管内务府大臣和户部侍郎，通过各种方法为皇帝聚敛了大量的财富。之前我们说过的和珅通过受贿、勒索等手段所谋得的巨额金银，自己固然中饱私囊，但大部分还是报效了皇帝，为其奢侈生活和后两次（第五、第六次）南巡提供了财政基础。

乾隆帝宠信和珅的第四个原因，是因为和珅还能为他完成一些私密的爱好。在野史中，乾隆帝是众口一词的"风流天子"。有些传说比较浪漫，说乾隆帝年轻时曾经暗恋某一妃子（或宫女）导致该女子被杀，其临终时相约"二十年后再见"。当乾隆帝初遇和珅便大吃一惊，因为他和那位死去的女子实在相像，于是便对和珅分外体贴呵护云云。这当然只是荒诞不经的传言，但也反映了乾隆帝的"多情"。

根据各种史书记载，乾隆最钟爱的妃子，是被后世称作"香妃"的维吾尔族女子和卓氏，史称"容妃"。香妃的故事纯属虚构，但皇帝对容妃的宠幸却是真的。和卓氏进宫时候已经二十七岁，却迅速得到了皇帝的喜爱。她三十五岁那年，普通女子已经"色衰爱弛"，但她还被晋封为"容妃"，可见皇帝对其的迷恋。毕竟美人迟暮，容妃不能重拾青春。乾隆四十八年（1783），容妃已经年近五十，七十三岁的皇帝对正在筹备第六次南巡的和珅说，在明年的南巡中，他十分希望遇到一名和容妃气质、相貌、身形都十分相似的年轻女子。和珅将此事办得非常漂亮。他将这任务交给扬州大盐商汪如龙，还说这是自己为提携汪才求来的机会。汪氏自然感激涕零，按照和珅提供的图像，花重金从西域购得一名年轻女子，几乎就是容妃青年时代的翻版。为了感激和珅的"提携"，汪如龙还报效了和珅二十万两银子。美女进献，皇帝果然大为满意，赏汪如龙穿黄马褂。汪大喜之下，又报效了和珅一大笔银两。如此"三赢"的局面，也只有和珅如此高明的手腕能够造成。

嘉庆皇帝为什么憎恨和珅？

上下贪渎，内外奢侈，从此清朝的政体吏治开始每况愈下。乾隆末年在北京的朝鲜使臣记录道："阁老和珅用事将二十年，威福由己，贪黩日甚。内而公卿，外而藩阃，皆出其门。纳赂谄附者，多得清要；中立不倚者，如非抵罪，亦必潦倒。上自王公，下自舆台，莫不侧目唾骂。"

这位朝鲜使臣说的一点儿也没错，"侧目唾骂"者，甚至有乾隆帝的几个皇子，其中就包括后来继承大宝乃被称为"嘉庆帝"的颙琰。据说十七子庆王颙璘在几位皇子密计如何扳倒和珅时说："几位哥哥将来谁做皇帝，以及怎么扳倒和珅我都不关心，只要你们今后谁成功了将和珅的大宅子赐给我就行。"这是后话，但从中也能看出和珅自以为大权在握，却全然不知道甚至连皇储都在密谋除掉他。从这个意义上而言，乾隆帝驾崩十五日后，和珅就被嘉庆帝诛杀，也是政治的必然。我们也可以说，从源头而论，害了和珅的其实就是乾隆帝——如果和珅当年稍有贪腐的时候皇帝就能够有所遏制，此后局面就不会如此不可收拾。

中国古来权臣很多，大多精明强悍，心思缜密，能够揣摩上意，能够驾驭众臣。但和皇帝之私人关系如此亲密的，实在很少，这也是和珅为何能够二十年掌权中枢的基本原因。但是中国传统的政治体制决定着两千年来一直有内廷和外廷、君权和相权之间的紧张角力，和珅和皇帝的私人关系能够缓解这种张力，但绝不能改变之。

想必聪明如和珅者也知道这个原因，因此他也想办法加固和未来皇帝颙琰的私人关系。乾隆六十年九月初三，乾隆帝册封颙琰为皇太子，就在初二日，和珅就献给颙琰玉如意一柄，"以拥戴为功"。在后来对和珅的指控中，嘉庆帝将其列为第一大罪——"漏泄机密"，以说明和珅对皇室的不忠以及投机取巧的个性。其实这是和珅三十余年来的立身处世之道，他哪里想到，自己手握如此滔天权力，无论如何示好，一个新上任的专制君主是无论如何也容不下他再在卧榻之侧的。

不过实事求是而言，和珅对嘉庆帝并不忠心。嘉庆三年，太上皇乾隆帝意图征召嘉庆帝年轻时候的老师，时任两广总督朱珪进京，担任内阁大学士（即宰相之一）。嘉庆帝知道以后写了首诗，准备寄给朱珪以作庆贺。当时和珅将自己幼年时的私塾老师吴省兰安插在嘉庆帝身边，名为帮其抄录诗稿，实际上是间谍。吴省兰一拿到嘉庆帝给老师朱珪的祝贺诗作，立即密报和珅，和珅当下呈于乾隆帝，说新皇帝现在已经羽翼丰满，想通过这种"市恩"来固结自己的党羽以对抗老皇帝。乾隆帝大怒，经其他军机大臣苦苦劝说，才没给朱珪更严厉的处分，只是将其降职为安徽巡抚，并命令他永远不得担任京官。所以仅就私人仇恨而言，嘉庆帝之诛杀和珅，便有十足的理由。（乾隆帝一旦驾崩，嘉庆帝马上征召朱珪入京担任大学士，其死后赐谥号为"文正"——这是清代大臣谥号中的最高荣誉。清朝三百年，得此谥号之大臣仅有八人。）

就更公开的结论而言，历史学家将和珅的倒台原因，列为"经济的""军事的""政治的"三种。这都有道理。首先，所谓"和珅跌倒，嘉庆吃饱"，因镇压川陕白莲教民变而造成的国库空虚能够稍稍弥补，但效用不大。同时，自嘉庆三年开始，朝廷对民变已经由"剿"变"抚"，杀掉一二以贪黩著称的朝廷大员，可能以符民望。但当时民变之愤恨对象只是地方官而已,至于朝廷中枢的人事变动,相信造反的百姓没办法关心,更没兴趣关心。

  因此君权和相权之争的政治原因,才是和珅殒命的关键因素。和珅固然贪腐,其贪腐也对清朝的政治局面和社会风气造成了不可逆的伤害,但这绝非他被杀的主要原因。清朝的问题在此时已经积重难返。杀和珅的确有反贪污的作用,但是在调查和珅案的时候,由于市面上传说和珅的巨额财富寄藏在民间商家,于是步军统领衙门侦骑四出,向南门外的商铺业主轮番抄查,趁机讹诈,造成了新一轮的贪腐,民心反而愈发动荡不满,最后竟然上干天听,嘉庆帝只能发上谕紧急叫停。和珅死了,而大清王朝的衰落之路,才刚刚开始。

官场中的商人：穆藕初的另类实践

本篇所谓的"商人"，不单单是狭义指称，而是指包含金融家在内的工商业者。中国近代工商史上有个有趣的现象，凡入金融业者，大多"从一而终"，不太会再去涉猎其他营生，比如陈光甫；而以进出口贸易为业的商人，后来都会转行，有的开工厂，有的办银行，有的经营房地产。大部分人是什么都做，最后找到一条最适合自己发展的路径。比如苏州人贝润生，十六岁到上海，从颜料行一个小学徒做起，成为沪上最大的织物染料经销商。然后分别投资钱庄和纱厂，都没有成功，后来步步为营，开发（购进）房产，终于得到了个"地皮大王"的美名。其他商人的成功和失败都没他那么显著，但转型方式和规划思路大体如此。

所谓的"政治场域"，当然指的是以官场为主的政治圈，但也不仅如此。从晚清到民国，整个近代史上的政商关系一向纠葛不清，而且更多的是表现在商界对于官场的依赖。商人这样做为了更大程度地牟利，并没有意识形态的忠诚和政治立场的坚持。

清末很多官僚士大夫都举办过工商企业，如张之洞、李鸿章，但别人绝不会将他们等同于商人。而商人虽然交好官府，甚至和官员互为表里，但也很少能够真正参与政务。就像"红顶商人"胡雪岩，虽然有布政使衔二品顶戴，官职是江西候补道台，但实际上只是左宗棠的财政幕僚和贸易金融经办人，官衔和官职只是方便办事的变通法门，胡雪岩实质上没有政治地位和行政权力。

但是，对于上述基本现象而言，穆藕初显然是个例外。因此，本篇的重点就在于，通过穆氏生平的几个重要节点，来介绍一下处于政治场域的穆藕初，有多么与众不同。

1914年的台风口

上海，公共租界，静安寺路88号。二十年后的此地，将矗立起"远东第一高楼"，二十四层的国际饭店。1914年7月的第一天，和多年以后嘈杂热闹的灯红酒绿场面截然不同的是，这里如今还是一栋双铁门的花园洋房，与四周几排英式别墅一起，构成了一片雅致静谧的高档住宅小区。穆藕初推开铁门，双手竟然有些颤抖。去国留洋，今天终于学成归来，即将看到阔别了整整五年的娇妻幼子，当然忍不住有点激动。

然而，到了深夜，等傍晚的温情和缱绻稍稍退去，一股挥之不去的焦虑又浮上心头。穆藕初靠在椅背上，重重地叹了口气，他的妻子金夫人不发问，也不劝解，熄了灯，静静地陪坐在一边。她自然知道丈夫在担心什么，事实上这也是迄今为止所有毕业生的烦恼——学位是拿到了，现在该到哪里去找工作呢？

蔡元培从德国留学回来，是四十四岁；吴稚晖从法国留学回来，是四十七岁；陈寅恪从德国留学回来，是三十六岁。这几乎是清末留学生的通例，那就是只求真知，而不在意自己年齿渐增和求学时间的长短。穆藕初也一样，1914年回国的时候，他已经三十九岁。这是个十分尴尬的年龄，上有老下有小，生活负担的沉重，使他不可能再于某个工作岗位上从头做起。当然，岁数大的人除了经验丰富，还有多彩的履历，一定有一些亲朋故旧能够帮到他。于是，穆藕初想到了自己出国之前最后一任老板——清末最著名的实业家，"南通状元"张謇。

穆氏祖籍苏州东山，但在上海浦东已经繁衍二百余年，一直以种植、经销棉花为业。穆藕初是个有心人，虽然因家道中落早早做了小学徒，却一直寻觅深造的方向和机会。终于，他在二十五岁的时候凭着流利的英语考进了上海的"江海关"，成了一名月薪百元的中产阶级职员，但是，似乎他一生中所有的职业都不长久，仅仅五年，就因各种原因而离职，转而去一所师范学院担任英文教习。

清末的张謇无意于仕途，一方面在家乡南通举办工业和教育，一方面热心本省交通事业，兼任江苏省铁路公司的协理（即副总经理）。而正好，穆藕初又失业了，于是张氏请他担任淞沪铁路的警务长，收入也有百元。这份工作他干了不过一年，却和张謇结下了深厚的友谊。更令人惊喜的是，中华民国成立后，张氏一直是北京政府的农商总长，颇有栽培后进、提携故人的可能。

然而，对穆氏有深刻认识的张謇委婉地拒绝了这一请求。在回信中，他说自家在南通设立的纺织学校还需要教员，如果穆藕初愿意赴任的话，"则学生得师，穆君亦可借此以增阅历"。这份邀请函语气冷淡，话里话外甚至有批评穆氏阅历浅薄、经验不够的意思。穆藕初在美国留学五年，最后于德州农工专门学院获取农学硕士学位，其自费官费加起来花了一万一千大洋，如果回国还是做个教师，不仅面子上挂不住，经济上也是一笔亏本账。何况张謇的邀约只是出于人情，态度并不热切。如此，穆氏只能沉下心来和其胞兄穆抒斋商量，彷徨良久，最后决定不再求人，索性自己创业开设纱厂。

十年以后，穆藕初写了一部回忆录，对于其1914年为何毅然从事棉纺业，他是这么解释的：自己刚回国就"调查纺织事业"，"始知我国纺织业前途，大有发展之希望"。但现在看来，似乎颇有点自我吹嘘的成分，至少，是在用结果解释原因。他7月回到上海，8月就确定开厂地址，只有短短一个月，何来调查研究的时间和空间？而且，当时中国的棉纺织业尤其是纺纱业相当疲软，看不出有任何突然振兴的可能。

中国一向是棉花生产大国，但纺纱业却长期落后。棉花大量出口，而棉纱棉布仰赖列强输入。辛亥革命前夕，张謇就发现了这一"漏卮"，据他估算，将棉业的进出口货价相抵，中国每年损失白银二亿一千万两。当时中国的棉纱进口以英国为大宗，日本紧随其后，民族资本家的产品，无论质量、产能和价格都居于劣势，根本无法和英日相比，因此金融业也对其没有投资兴趣。

日后名震东亚的棉麦业巨头荣宗敬、荣德生1909年于无锡开设纱厂，惨淡经营五六年，到1914年纱锭才从一万二千枚增加至一万八千枚。英资洋行对在中国设厂兴趣也不大。也是在1914年，怡和洋行于上海杨树浦设立规模为近六万枚纱锭的纺织厂，不过是为了接近原材料（棉花）的产地海门和崇明，将香港的工厂搬了过来而已，算不得增资扩产。

棉纺业如此疲弱，穆氏昆仲竟然想投身其中，看来是个非常错误的决策。但事实上，该投资取向完全没经过理性分析，而是一场巧合。当时穆抒斋也正好失业，手上有些余钱，但找不到事业路径。此时正好有位富商在杨树浦设立纱厂，买地构图，房子造了一半，纺纱机也下了订单，但因为对这一行业实在缺乏信心，于是中途退缩，想将未完工的纱厂廉价售出。兄弟俩得知这个消息，当机立断，募股的募股，借钱的借钱，9月份就将这厂子全面接盘，这就是穆藕初的事业基石——德大纱厂。

不过话又说回来，穆氏兄弟进军棉纺业可能是误打误撞，但投身工业企业的想法，倒也是大势所趋。张謇一向坚持"棉铁主义"，自他担任农商总长以后，更是一心以发展民族工业为念。1914年初，由他主导制订并通过的《公司保息条例》在中国的工业发展史上具有划时代意义。条例规定，凡民族资本家设立的棉纺企业，在开业三年内，由政府按照企业实收资本金贴补利息，具体额度为六厘，仅稍低于民间借贷的利息。这样，新企业的资金成本几乎被全部冲销，设立风险也就大大降低了。

就普通商民而言，1914年或许是安稳平和的一年。军事上，国民党的"二次革命"已被残酷消灭，黄河流域虽有白朗领导的民变四处窜扰，但也不成气候。政治上，袁世凯于年初就悍然解散了国会参众两院，并取缔各省的省议会和所有地方自治机构，帝制气息呼之欲出。行政上，袁氏不断强化中央集权，地方实力派纷纷缴械进京，区域藩篱撤销，中央政令通畅。地缘上，中国继续对日俄保持等距离外交，并疏远同日本结盟的英国，转而和新兴大国美国交好。经济上，在张謇的主持和力推下，一系列有利于民族工商业发展的法律条例纷纷出台，而工业的进步导致原材料需求剧增，农业矿业也随之复兴。

对于企业家来说，这是个最适合创业兴业的年份。而正在此时，也就是穆氏兄弟接办德大纱厂的当口，第一次世界大战爆发，彻底改变了包括穆藕初在内的许多民族资本家的命运。

和出入外滩的那些真正实业家、金融家相比，穆藕初不是个有钱人，他留学美国的经费，大半来自江苏省政府的官费，小半是朋友资助，等到学成归国，差不多已是囊空如洗。但由于他之前在上海工商界交游广泛，现在又有了"留洋硕士"的头衔，因此很容易就借到了白银一万两作为设立纱厂的股本。不过，静安寺路的花园洋房就此抵押出去，全家只能搬进德大纱厂附设的宿舍区"德大里"居住，他们的邻居，也就由洋行大班变成了纺织工人。

根据穆氏兄弟盘算，纱厂总股本需要二十万两，剩下的十九万两由穆抒斋四处募集。他毕业于南洋公学，许多同学在民国初年已是活跃于政商两界的精英，因此募股工作并不困难，两个月内已完成一半。而穆藕初则专心于厂房营建和机器安装等技术性工作，并本着当时美国最新的企业管理制度，编制了详细严格的财务制度、统计制度和监督制度。

穆氏兄弟颁发建厂"召集令"是在1914年的中秋节，而翌年端午节，德大纱厂已经正式投产。这是当时全国第一家"全盘西化"的纱厂，完全打破了华商工厂的旧有体制。这一新尝试当即就引起了上海工商界的震动，参观者络绎不绝。开业才一周，连以"遗老"自居的前清湖南布政使郑孝胥也慕名前来。这位著名书法家对实业也极感兴趣，在当晚的日记中，他详细地写下了所见所闻。德大纱厂规模很小，占地仅十四亩，纱锭也不过一万枚，似乎无足轻重。但他马上就发现，这里不仅厂房整洁，机器新颖，工人精神饱满，连生产管理模式似乎都大不相同。原本的中国纱厂，由经理负责营销账目，称为"文场"，由工头承包车间生产，称为"武场"，两者互不相关，经理不过问生产情况和员工福利。而穆藕初则以总经理、总工程师、总会计师为龙头进行直线管理，以生产流程为依据，进行效率评估、质量监控和成本核算。这一切都令郑孝胥非常震撼。连当时的《申报》都热情地预言，德大纱厂"是诚中国实业界之一线光明也"。此言诚然，后来华商开办的所有纱厂都改弦更张，以德大的模式管理运行。

穆藕初果然不负众望，德大纱厂投产的第二年就开始盈利，继而被"颜料大王"薛宝润、贝润生请去，在德大隔壁开办厚生纱厂并担任总经理。1918年，他于两家纱厂边上购地，建造私宅，重新住上了花园洋房。也就在同一年，穆藕初远赴郑州开办豫丰纱厂，占地一百六十亩，纱锭五万枚，是当时北方最大的纱厂之一。

穆藕初的空前成功令世人艳羡，但几乎所有人都忽略了一个事实，那就是1914年开始的"一战"，才是棉纱业兴盛的基础原因。既然爆发战争，那么人力、财力必然会集中于军工和军事，列强只能减少本国消费品的输出，由此中国受惠良多。和1911年相比，中国在1916年的棉纱进口额下降了一半，国产棉纱的价格也就顺理成章地上涨一倍。于是，几乎所有行业的资本都向纱业聚拢，1920年后两年设立的纱厂数量，超过了战前二十年中外资本开设的纱厂总和。

穆氏兄弟起步最早，因此也获利最大，在棉纱业最兴盛的那段时间，每年的收益竟然有百万两之多。于是穆藕初不断加大投资开设新厂，而穆抒斋则进入交易所将闲置资金进行棉纱投机。不幸的是，前者遭到了日本纺纱企业的狙击，他们的单位产出率是华商纱厂的近一倍，但消耗只有三分之二，因此价廉物美；后者则在1922年初的金融危机中遇到毁灭性打击，仅德大纱厂就损失白银过百万两。

农历癸亥年十二月三十，穆藕初签下协议，将豫丰纱厂委托给最大的债主慎昌洋行经营。在这之前，他已经将自家所有证券、股票、房产典押殆尽，但还是不能清偿欠款——事实上他已经破产。此时，德大纱厂已经清盘，而厚生纱厂也刚刚逼他辞职。当天晚上，除夕，一家团聚。穆藕初当着妻子金夫人和两个儿子的面，竟然泪流满面，继而泣不成声。这一天是公历1924年2月4日，距他志得意满地学成归国，还不满十年。

勇敢的心

从个人履历来讲，穆藕初到二十六岁时才对于政治产生兴趣。那是1901年，沙俄借庚子事变之机占领我国东北全境，于是中国各地乃至海外侨界都掀起了反俄拒俄抗俄的群众运动，蔡元培也在上海成立"对俄同志会"。这是中国的平民在知识分子引导下关心政治的开始，也是穆氏政治生涯的发轫点。

后来的穆藕初，非但见识广博，思想深刻，文笔优美，口才也是一流，是上海企业家中最著名的演说家。但在1901年，因为生性羞怯，"畏葸羞缩"，他从来不敢当众发言。自从加入对俄同志会以后，他"联络同志数十人，每星期学习演说"，用了整整一年时间，"一变而为畅所欲言矣"。连原先那种人前畏避的"宅男"气质，也从根本改变。这一年的经历，为穆氏打下了个人能力方面的从政基础。

也就在这一年，穆氏的胞兄穆抒斋考入南洋公学，他的两个同学黄炎培和李叔同随即成为穆藕初的好友。李叔同即是高僧弘一法师，在精神气质和宗教信仰方面给穆氏以深刻的影响。而黄炎培和穆氏是浦东同乡，虽然也从商，但对政治一直有异乎寻常的终身热情。这种热情也很大程度上感染了穆氏。可以说，和黄的结交，为穆氏打下了意识形态方面的从政基础。

其后，穆藕初不断参加社会活动，但政治倾向不很明朗。但从几个细节，我们可以一窥究竟。穆氏精通英文，因此一直和穆抒斋合作翻译外国传记。1903年，他们合译的《苏格兰独立志》出版，这本书是关于十四世纪初罗伯特·布鲁斯（Robert Bruce）的英雄事迹。布鲁斯和好莱坞著名影片《勇敢的心》的男主角威廉·华莱士（William Wallace）一样，都担任过苏格兰护国公。在华莱士牺牲后的第二年，布鲁斯继承其遗志，成为苏格兰独立运动的领袖。此后和英格兰鏖战二十二年，终于赢得了苏格兰王国的独立主权，自己也成了最著名的苏格兰民族英雄。其实在当地的历史故事中，"勇敢的心"的主人公指的是布鲁斯，而并非华莱士。

关于出版目的，该书广告是这样说的："中国数千年来，以相忍为国，夷狄盗贼，尽我君也。其无独立思想久矣。"布鲁斯的独立壮举"激昂淋漓，动人心魄"，译者认为"足以药我国人心之萎靡"。这段话的作者当然是穆藕初本人。从"夷狄盗贼，尽我君也"可以看出，穆氏此时非但有了反对清朝统治的民族主义思想，也有了反对君主专制的民权主义思想。当时黄炎培已经是清廷通缉的革命党，而穆氏和他过从甚密，也可以印证这个观点。

更有甚者，穆藕初还这样说道："今日中国自啜其血以媚外人者日多，亮节之士罔不慨焉。"这个"外人"，当时指西方殖民者。看来，穆氏的民族主义思想非但反对清朝专制，而且还延伸到了对帝国主义之政治侵略、军事蚕食和经济压迫的反感。上述争取民族独立和民权自由，并呼吁政府关注民生幸福的思想，足足贯彻了他的一生，也成为他政治活动的立身之本。

但总的来说,穆藕初还是坚持"实业救国"的理想,对于农业、工业和现代科技的兴趣要远大于社会运动和政治运动。因此在此后二十年间,他专注于学习海外科技,三十多岁还留学美国,回到上海又忙于创业,只手创办三家纱厂,并管理棉花纱布交易所,并协助举办银行。应该说,此时的穆藕初总是在打"政治擦边球",而从未真正走到政治场域的聚光灯下。

1923年4月,毛泽东注意到,作为"新兴商人派"的代表,穆藕初在政治场域的悄然崛起。他的观察非常敏锐。事实上,穆氏真正介入政治,也就是在这一年,而此时,他的经济事业正在崩塌。

1914年7月,穆藕初从美国学成归来,马上创办了中国第一家现代化纺织厂——德大纱厂,然后又作为贝润生等"颜料大王"的职业经理人,创办厚生纱厂,还远赴郑州,创办了中国北方最大的纺织厂之一豫丰纱厂,一时风头无两,成为名动全国的"棉纱大王"。但是,随着"一战"的结束,日本的经济势力重返中国,尤其在棉纺业上对民族企业家造成极大压力。而此时因为投机风气甚嚣尘上而金融失控,到1923年,穆氏所创立、经营的三家企业均走进了死胡同。

此时中华民国已经建立十余年,北京政权风潮不断,内外无力,在政治、外交、军事、行政上尚且力不从心,连国家都无法统一,至于经济扶持和产业振兴,根本不能推行。民族实业家和金融家无不仰望政府能够提供起码的政治保护和行政约束,对外抵御列强的经济侵略,对内提振民族的产业。这一点,满清政府和北洋政权都无法做到。除了袁世凯在位的三四年,由农商总长张謇和财政总长周学熙系统有效地出台了一系列财政金融工农贸易方面的扶持政策外,中国工商金融业者在国际产业化浪潮的席卷下,完全感觉不到政府的存在。这种孤苦无依的绝望,穆藕初感受尤深。

而军阀混战对于穆氏事业带来了直接打击。他是个理想主义者，认为中州大地物产丰饶而人口众多，之所以不发达是因为工业不彰。若是于其地举办纱厂，那么就可以最大程度地消化当地的农产品和劳动力，并为当地政府和人民带来源源不绝的财富。于是，在京汉、陇海两条铁路的交汇处，也就是郑州火车站附近举办了豫丰纱厂。

越是交通便利的地方，就越容易成为兵家必争的"四战之地"，这一点穆藕初也知道。但当时政局尚算安稳，北洋政府大总统徐世昌待他若上宾，而控制华北的军事强人吴佩孚及其属下冯玉祥都对他礼敬有加，前者来参加了豫丰纱厂的落成典礼，后者更是他相识数年的老朋友。

但是这一切，在1922年5月被第一次直奉大战打破。原本河南是直系腹地，非常安全。但是此地军阀赵倜叛主投奉，和冯玉祥在郑州火车站展开大战。豫丰纱厂虽然受到波及，幸而得以保全，但是所有放款给纱厂的钱庄、银行都感到了迫在眉睫的危险。为了保证资金安全，这些行庄纷纷抽离贷款，于是纱厂的金融周转，发生了难以解决的困难，到了年终已经接近破产，中国银行开始谋求接盘。这一建议虽然被穆氏否决，但其捉襟见肘的窘况，也是可见一斑了。

加之直奉大战以后，"文人总统"徐世昌黯然下台，军事强人曹锟在北京操纵一切，"武人政治"正式形成。这一切都给了穆藕初难以言表的恶感，对于政治的密切关注乃至不断呛声，也是从这个时间开始的。

1923年6月，此时的中国早已分裂成南北两个政府，均以"正统"而号召海内外。广州政府的孙中山既要扫平陈炯明，又要敉平桂系，颇有些力有不逮。而北京政府的黎元洪更糟，在曹锟的逼宫下仓皇逃往天津。

当时的中国，关外的东北和新疆比较安稳，内地的湖南和山西比较安定，除此之外就是江浙沪了。江浙尤其是上海是中国最重要的财税命脉，而上海租界和扬子江沿线又有外国炮舰和海军陆战队的保护，因此即使军阀如走马灯一般替换，也没人敢在这里掀起大规模战事。所以当时上海工商界人士都很悠游，对于南北政府两不得罪，每有通电，各发一份。至于政见也是有的，无外乎"裁兵、制宪、整理财政"三途，但也大而化之，仅止于表态而已。反正身在租界内，政局究竟如何，似乎与他们无关。

但此时的穆藕初却挺身而出了。自1918年11月开始，他一直是上海总商会的董事会成员。虽然在1922年6月落选，但对于商会事务的关心不曾稍减，在商界的地位也未曾跌落。6月23日，他参加了总商会临时大会，参与拟订了决议，抗议当局驱逐总统黎元洪，否认曹锟有参选继任总统的权利，并否认国会议员可以重新选举总统。会议并决定组织"民治委员会"，讨论具体的应对方案。

穆藕初兄弟和聂云台、王晓籁等对政治比较热衷和熟稔的三十五名商会成员被选进了民治委员会，一周以后，他们得出的决议由《申报》发布，震惊了全国。根据该报7月1日的报道，我们来看看这份决议的内容：

在中央政府中断期间，由民治委员会代表国家行使外交权力；

管理国家财政；

解决国内一切政治纠纷；

监督各省行政；

依法组织国会。

这显然不再是公民自治的范畴，更不是地方自治的范畴，而是作为全国性的临时中央政府的身份在号令天下。如此勇气貌似"僭越"，却是中国商人试图决定国家命运的第一声呼喊，可惜也是最后一声。毛泽东得知这个"何等可喜的消息"后，非常兴奋地在中共中央机关刊物《向导》第31、32期合刊上发表文章《北京政变与商人》，称以穆藕初为代表的"体面商人"这是"三年不鸣，一鸣惊人的表示"，"总商会同时决议否认'不能代表民意'的国会，并组织一个民治委员会以为积极解决国事的机关……总算是商人出来干预政治的第一声"。

可惜以穆氏为代表的意见没有得到各界支持。民治委员会召集上海各路精英，原定人员七十名。但是由于总商会提出的建议得不到广泛响应，因此6月30日的会议只有二十九人参加，未过半数，即无法达成决议。十天后二度开会，人又少了五个，更加无法议事讨论。于是，这个委员会及其那份慷慨激昂的决议，只能无疾而终。

转型：从商人到高官

1936年的穆藕初非常悠闲，并且做了一个悠闲的人才会做的事——挑选自己的寿茔。在中国，老人为将来的自己挑选坟地、棺材、寿衣，被认为是喜庆积福的事，但是，很少有热心于事业拼搏的成功者会想到这一点。这一年穆藕初已经六十一岁，儿孙绕膝，俗务寥落，平时除了写写文章以外，就是和杜月笙、黄炎培一起处理浦东同乡会的日常事务，一副退休老者的做派。左右无事，他便跟着堪舆师傅来到苏州，最后在如今木渎镇藏书地区天池村的一座小山脚下，找到了一方风水宝地。

这位精通地理的堪舆师傅就是名传后世的谈养吾，在当时还并不著名，却深得穆藕初的信任。十二年前，穆氏于事业失败、倾家荡产之际，曾经请谈氏来宅风鉴，确定以"合乎本运生旺方位"的方式，将宅院的大门和进路全部重造。所谓"一命二运三风水"，如此"逆天改命"至少给了穆家以深深的精神安慰。四年以后，穆藕初的工商业务毫无起色，却被国民党征召，担任了国民政府的副部长一职，由破产富商乃一跃为当轴高官，直具传奇色彩。穆氏总觉得如此飞黄腾达似乎有赖于当年谈养吾指点之力，于是每月给他五十元津贴，以备时时咨询。

1928年11月6日，在行政院第二次会议上，院长谭延闿提出了一项建议，拟请穆藕初担任工商部常务次长，三天以后得到国民政府第六次国务会议的批准，正式颁布委任状。行政院仅下设十一个部会，因此那些名动天下的老资格实力派，如冯玉祥、孙科等，也不过是部长职务，而穆藕初究竟凭借什么际遇和能力，可以担任如此重要的官职呢？

这个问题在当时就引起流言纷纷。按照法理而言，穆氏的职务，由行政院长谭延闿提名，国府主席蒋介石核可。而实际上，这是出于工商部长孔祥熙的建议。于是，坊间一开始就猜测，穆、孔之间是否有什么深厚而不可告人的私谊。甚至到二十世纪四十年代还有传言，说穆氏长子穆伯华和孔氏长女孔令仪是一对情侣，只是由于穆家竭力反对，认为不可高攀权贵，这门亲事才就此作罢。这种类似"宫廷秘闻"的故事最令市民阶层津津乐道，既能看出穆氏那种清高冷傲的性格，又能感受到这两家纠缠不清的亲密感情。

其实穆伯华要比孔令仪大十一二岁，况且两个人无论在生活上还是学习上素无交集。前者于1926年8月在上海成婚的时候，后者才十岁出头，而孔祥熙也远在广东任财政厅长。除了这个显而易见的谣言，无论当时还是现在，好奇的研究者实在找不出孔氏和穆家有任何私人关联。而且穆氏与国民党也并不融洽，甚至还产生过尖锐矛盾。

1919年10月的上海，孙中山统合同盟会、国民党、中华革命党的各派势力，组成中国国民党。而穆藕初则和北洋政府比较热络，就在此时还觐见大总统徐世昌，并被聘为"总统府名誉实业顾问"。在国民党眼中，徐氏是"破坏法统"的"伪总统"，因此对于亲厚北洋的穆氏也不免多有不满。

四十五岁的穆藕初，无论精力、经验还是自己在实业界尤其是棉纺织业界的地位与影响力，都达到巅峰状态。而国民党甚至连个地盘都没有，党魁孙中山流寓上海，不断在南北军事强人间合纵连横，期待在某个缝隙间找到新的生机。这时的蒋介石远没有登上历史舞台，甚至对于自己的职业前景还游移不定，既想出国考察，也想自我创业，更多时候，他想成为一名"作棉花、棉纱买卖"的经纪人——而此时掌管华商棉纱棉布期货交易的当然领袖，正是穆藕初。

命运的突兀令人难以理解，更难以预测。四年以后，穆藕初破产清盘，"四面楚歌，焦头烂额，一筹莫展"；孙中山于广州重新开府，废弃"第一共和"法统，创立中华民国"第二共和"；而蒋介石则成了一名高级军官，他和他训练的黄埔军人即将征服中国。又过了四年，孙中山已经去世，穆藕初则成了新政府的一名副部长，而他的最高领导人，即政府主席，正是蒋介石。

穆藕初并不贪鄙，为人慷慨豪爽，颇有古风。但是他的某些行为显然不符合现代行政伦理。二十世纪四十年代在陪都重庆时期，他就吸纳以前他出资培养的昆曲班的孩子，进自己主管的公家单位做事，被人诟病。早在担任厚生纱厂职业经理人期间，他因为雅好昆曲，就收容了许多票友进厂担任职员。当厚生的经营状况已经非常窘迫的时候，他还召集一班同好，每天中午在厂区办公室拍曲唱和，以致厚生的大股东薛宝润本想登楼找他谈事，听到窗户中飘出曲声悠扬，遂大怒乃拂袖而去。这也是穆氏和董事会关系破裂的开始。

1923年5月，他和薛宝润的争执已不可调和，遂愤然辞职。厚生纱厂自后的发展并不理想，挣扎了七八年，还是决定停工，薛宝润想把厂子出售给日本商人。此时已经是1931年，中国政府对于日本外松内紧，明里友善，暗中提防。上海市社会局明令禁止属地企业出售给日商，并请示由工商部改组而成的实业部裁定。

在新成立的实业部，穆藕初依然是常务次长，3月14日，他没想到自己会故地重游。八年以前，他是一怒出走的总经理，八年以后，他是手握重权的次长。薛宝润看到他颇为尴尬，也知道，厚生无论如何不可能卖给日本商人了。这其实是穆氏最后一次作为部长在公众面前亮相了，一个半月后，他就辞去公职，转任实业部下属的中央农业研究所筹备处主任，成为事务性官员。薛宝润当然也没能把厚生纱厂卖给日本人。半年以后，荣氏家族以三百四十万元的代价买下该厂，这就是后来申新系统中著名的"申新六厂"。

02

传承与商道：金融豪门的故事

洞庭东山的金融豪门：席氏家族

隐形富豪：程氏家族

苏州的金融世家：贝氏家族

导言

美国有种族歧视，而中国则有地域歧视，比如上海人看不起全国人，本地人看不起外地人等。更有甚者，同一区域内的百姓也互相歧视。我所在的苏州吴中区以前自然也有这种陋习。比如儿时流行这样一句话："横浦渡，城泾平。"表面上说的是当时吴县最落后的六个乡镇：横泾、浦庄、渡村、湘城、田泾、太平，但若是知道"城泾平"之吴语谐音为"神经病"，就知道这句话其实是对"横浦渡"人的调侃。

我是木渎人，在南边一条向太湖延伸的半岛中，横泾、浦庄、渡村这三个乡镇依次排开，童年时本地乡间的确对这些南面的邻居多有嘲笑。但很奇怪的是，更南边，也就是半岛最南端的东山人却长期受到乡民的尊敬，甚至以娶媳妇能够得到东山人家女儿为荣。经我观察，东山人的确都没有什么乡土气，言谈举止和穿着打扮都明显比他们周边乡镇的百姓要"洋派"得多。后来更知道，好多东山人都在上海工作，直到退休以后才回乡安居，因此他们很多子女小时候都是在上海长大的，自然风度谈吐与众不同。

这一切增加了我的原发性兴趣，对于这一特殊的区域群体也就一直多有留意。所谓的"洞庭东山"，方圆八十里范围，物阜民丰，人才辈出。东山是苏南地区著名的花果之乡和旅游胜地，但鲜为人知的是，在近代它还以向上海及全国提供金融人才著称，席正甫、席德懋、严家淦等均为近代史上的金融界名人，这不能不说是一个奇迹。有清以来经商以徽州人士著称，有"无徽不成镇"之说；其实明末就有另一俗谚，所谓"钻天洞庭遍地徽"，可见，苏州洞庭东山的商人虽在数量铺展上不及徽商，但经营质量和成就似乎略胜一筹。清末以来，东山共有席、翁、严、叶四大家族，都为上海金融界提供了充分的人才和影响力，如果略掉这四大家族，那么上海金融史就无从谈起了。

十九世纪四十年代上海开埠以来，宁绍人和广东人纷纷聚居于此，势力以后者为大，因为广东人早有和外商打交道的经验，且来沪经营的华侨也多原籍广东，与同方言、同籍贯者便于交流。但太平军起时广东人暗中助之乃攻掠县衙，为华洋两界所侧目，加之苏南富家纷纷涌入租界，广东帮遂退出上海，洞庭商帮崛起。"洞庭"指今苏州市吴中区东山镇，其民善贾，晚明时期便周游国中行销松江棉布，被称"钻天洞庭"。明亡后东山人桀骜于清朝统治，绝意仕进，"洞庭商帮"遂遍布全国，并在十九世纪六十年代后占据上海商界，以善外贸而著名，其买办之足迹经洋行乃历银行，为华人金融业之滥觞。

清末的上海华人金融界，有"镇扬""宁绍""苏州""洞庭"四大商帮。镇扬帮学徒多，经理少，东主更少，知名人物为陈光甫；宁绍帮和洞庭帮是学徒多，经理多，东主多，占了沪上钱业绝大江山，代表人物为秦润卿和万梅峰；苏州帮一般都是东主，其祖籍多为徽州而事业基础在苏城，以程霦岳为代表。1874年洞庭东山人席正甫任英资上海汇丰银行之华人买办，即有意识地利用"外滩银子"（当时对外商银行资金的俗称）帮助同乡进行金融业经营，其最成功者便是后来定居木渎的严国馨，他就是台湾地区前行政领导人严家淦之祖父。席氏祖孙三代连任汇丰买办近六十年，是洞庭商帮中最为传奇的家族。

洞庭东山的金融豪门：席氏家族

席氏源流

让我们来了解一下清代之前的席家，从中知道"洞庭商帮"形成的基本原因和发育形态。

一千一百多年前的唐末，天下大乱。在黄巢即将攻破首都长安的时候，武卫将军席温带领三个儿子和主要亲属，在三百亲兵的护卫下千里迢迢南下，准备找个能够逃避战乱而安居乐业的世外桃源。据说很早之前席温就研究过太湖中的西山岛以及与之相对的半岛东山，认为东山更为富有且相对人口较少，因此决定在这里定居。

根据席氏家谱，席温和盘踞于洞庭东山的"盗匪"鏖战数次才将他们荡平，并将这些缴械的"盗匪"编组成平民以耕织为生，席氏家族也就于此繁衍，开枝散叶。其实，从另一角度而言，这是唐末到五代时期北方的武装殖民集团对吴越和闽粤一种通常的征服方式。唐代北方的经济文化水准远高于南方，这些所谓的"盗匪"即是原住民，军事力量、组织力量和技术力量当然远不及来自北方的豪门。不过这些南下的北方殖民者也带来了当地所缺乏的村社伦理和农业技术，吴越闽粤正是在这些外来征服者的开拓建设下，进入了一个崭新的发展时期。

席温死后葬于如今的东山镇翁巷村，后世将其奉为"迁吴始祖"，席家自他而下开始计算世代。席温临终前嘱咐的"勿为官，勿出山"箴言一直被后代很好地执行,从唐末到明代中叶的六百年间,席氏家族一直在东山岛上默默繁衍生息,似乎历史已经将他们遗忘。

北宋末年的中原迎来了又一个大动乱时期,这时的洞庭东山也遇到了又一个移民高潮。后来赫赫有名的王氏家族(代表人物为明代大学士王鏊)、严氏家族(代表人物为台湾地区前行政领导人严家淦)和叶氏家族,都是靖康之后移居东山的。此地花果满山,田土肥沃,水面辽阔,气候宜人,更重要的是陆路交通不便,因此一直有"世外桃源"之称,滋养着一代代乡人,直到明代中叶遇到了人口危机。嘉靖年间,洞庭东山人口孳繁,达到七千多户。理论上来说,人均占地尚有一亩,但洞庭区域向来山高水深而耕地狭小,因此人均可耕农田只有一二分,已经不能满足生活和消费的需要。所以,乡人外出谋生成为必然。

明初以来,江南的苏(州)松(江)二府文教发达,工业繁荣,其文化经济成就为全国第一,这对东山乡民的谋生路径产生了决定性影响。文教发达导致人口素质提高,东山人开始去外地做官,其亲戚也在官员的辖区经营贸易。而工业繁荣的后果是苏州生产出了全国都迫切需求的优质消费品,使得洞庭商人的行销贩卖有了物质基础。晚明时期最为著名的洞庭商人是翁氏家族中的翁少山,人以"翁百万"称之。他所贩运的就是松江棉布,由于他信用卓著,选货精良,当时全国都有"非翁少山布勿衣勿被"的说法。他名气之大,死后竟然由苏州著名的"状元宰相"申时行为之作传。比翁家稍逊一筹的是许家,但也是货如轮转,财势雄厚。而且这两家发达之后非常亲近儒林,对文化艺术极为重视。明末名士董其昌、钱谦益是这两家座上的长期嘉宾。

此时的席家也渐渐走上了历史舞台,使之成为商业大族的是二十八世席左源、席右源。这弟兄二人的确"左右逢源",善于经营。明代苏州最著名的行业丝织,松江最著名的行业棉纺,都以染料为大宗需求。两兄弟一边将江南的丝绸棉布运向全国,一边将湖湘等地的靛青染料运回苏松，行不空船，于此积累了大量的原始资本。

席家的铺展得法，不外乎"合伙"和"领本"二途。前者即是通过股本进行合作经营，利益分润，这是工商经营的常态；后者则非常特殊，有介绍的必要。席左源、席右源兄弟在平时的商业运作中一直留心观察、培养人才，凡是在他们手下工作的亲属子弟和员工仆役，不分出身贵贱，都论人品和能力专心培养。待到这些青年人的业务能力和行政能力成熟，席氏兄弟便会支付一大笔现金作为资本，放手让他们去自主经营。青年人领取这些资本只凭信用和信任而无需任何抵押品，只需在得到利润时和席家三七分成——七成归席家，三成归自己。

席右源的后世迁居到了青浦朱家角，清末著名的出版家、《申报》华人买办席子眉、席子佩兄弟就是这一系后人。席左源的后人则留在了东山，席嘏卿、席正甫兄弟就是出于这一支脉。可惜席氏家族发家不久就遇到了明末战乱和清军入关，遍及全国的战火使得他们在华北、两湖的产业荡然无存。不过累世经商所积累的经验毕竟有效，其子孙一旦有所机会，便会重新登上事业的顶峰。

席正甫的兴起

席正甫是席家迁吴第三十七世，居于东山镇翁巷村。父亲席元乐长期在昆山做典当生意，家境普通；母亲金氏，生下他以后两年便去世了，于是其父续弦沈氏，而这位沈氏的哥哥沈二园便是使得席家再度兴起的关键人物。1842年，清廷因鸦片战争失败而签署《江宁条约》，上海开埠，当时沈二园就来到了上海，进入洋行谋生。因此说，在洞庭商帮中，沈二园是进入上海第一人，也是成为洋行买办的第一人。

所谓的"买办"，就是外资商行、银行和中国企业之间的业务经纪人。外资商行、银行有自己的一套固定的组织架构、运营方式和管理模式,有时候未必能够和中国的金融机构或工商企业兼容。为了避免摩擦和增进效益,外资商行、银行大多聘请华人买办,比洋人大班直接出面要方便得多。就外商洋行、银行的组织机构来看,买办是它们的出纳部门;就其承担的责任而言,买办是洋行、银行对外业务的保人;就具体业务而言,买办是中介人。而且当时中国钱庄的银钱票据没有统一制式,洋人无法识别真伪,因此一定需要熟悉钱庄业的华人买办来审核把关。

单就外资银行而言,由于买办平时负责钞票的出纳保管、金银外汇的买入卖出、票据清算、放款保证和存款介绍,其实是银行业务中最重要的环节,因此既需要法律上的抵押品(如房产、存款、股票),也需要人脉上的左右逢源,更需要外资银行高层对此人的长久信任。因此,买办往往会终身制、家族制和世袭制,就是这个原因。

席元乐长期健康不佳,去世的时候,其长子(即席正甫胞兄)席嘏卿二十不到,只好挑起养家糊口的重担,四处奔波谋生,辛劳备至,不得安歇。席嘏卿原本在浙江做钱庄学徒,后又改做贸易。但此时正好太平军起,烽烟弥漫长江中下游地区,之前洞庭商帮熟悉的商路和经销点全部断绝破灭,于是他只能去上海投靠其继母的哥哥,此时已经成为沙逊洋行华人买办的沈二园。

晚清时期英商在上海有四大洋行——沙逊、太古、怡和、英美烟草公司,其中以沙逊最为重要。该洋行由犹太人创立,最初主要从事印度至中国的鸦片贸易,并投资金融业,是上海汇丰银行的创始股东。民国后沙逊洋行又凭借雄厚的资金,成为上海最大的房地产商,其建造的"沙逊大厦"(即如今和平饭店北楼)至今仍是上海的地标性建筑。沈二园作为该洋行的买办,有着丰富的华洋人脉和不菲财力,并因此开设了钱庄,进行传统金融业务。

席嘏卿进入上海后,凭着沈二园的指点、保护和支持,一步一个脚印地奋斗。他从钱庄做到洋行,从业务做到账务,终于进入著名的英资银行麦加利银行担任会计，生活终于安定。（麦加利银行即如今的渣打银行。"渣打"是音译，"麦加利"是该银行首任洋人大班的名字。）此时席嘏卿二十八岁，已经有能力买房置地，并把一家老小从东山接到上海，过上了安稳舒心的日子。

在这之前，席正甫已经来到了上海。他先是和其胞兄席嘏卿一起进入沈二园的钱庄，在里面做学徒，然后任被称为"跑街"的业务员，负责对外的票据交换、往来联络和对放款对象的信用考察。在积累了一定资金后，他即由参股而合股，最终盘下了沈二园的钱庄，自己做起了东主。当时外资银行在上海还是萌芽状态，但席氏兄弟眼光超常，知道将来掌控金融业的终究是外国人。于是席嘏卿自己进入麦加利银行任会计，席正甫虽然还留在钱庄，但是业余时间自修英语，争取和外资银行多一点沟通的可能。

汇丰银行首任华人买办是浙江绍兴人王槐山，也是钱庄学徒出身。他青年时期任钱庄跑街，由于能力强信用好，积累了千两白银和丰富的华洋人脉。据说某天与他一向交好的一位年轻英国人说自己要回英国去劝说其家族在中国设立银行，但目前缺乏回国的路费和交际费用，因此向王槐山私人商借两千两，半年内归还。王氏凭着对此人的了解，谨慎地思考过后同意借款，把自己的一千两加上挪用钱庄宕账一千两交予此英国青年。没想到半年过后这位英国青年音信杳无。到了年底，王槐山自己身无分文，无法偿付钱庄的一千两宕账，遂被钱庄开除，声名扫地，穷困潦倒。

世事无常，没多久那位英国青年回到了上海并找到了他。原来这位洋人不是骗子，的确是英国著名财团的继承人。他回英国后成功地说服其家族投资并进行融资，在香港开设汇丰银行并于上海设立分行，而他自己，就担任上海汇丰的首任大班。他找到王槐山不仅为了还钱，还请其担任上海汇丰的首任华人买办。但王的英语不好，又需要能干的助手，于是在沈二园的推荐下，席正甫成了汇丰华人买办间的"跑楼"，其工作性质和钱庄跑街大同小异，只是服务对象由华人东主换成了洋人大班。

金融豪门的成形

上海汇丰银行是近代上海最著名的外资银行，1865年正式开业。在其鼎盛时期，曾掌管着上海外汇市场成交量的三分之二，全国的外汇牌价都随汇丰给出的标准而定，在二十世纪三十年代以前，是中国事实上的中央银行。成为王槐山的主要助手后，席正甫兢兢业业，一方面刻苦地学习业务知识，一方面帮助汇丰银行开拓在华业务。

当时外资银行最大的客户并非中国的工商企业，也不是贸易商行，而是政府存款和海关关税。其次就是向上海各大私人钱庄进行的信用贷款。由于外资银行信用较好、后台稳固、准备金充分，因此虽然利息偏低，也能够吸纳大量的公家和私人存款。但他们不熟悉中国地面，不敢贸然放款，于是直接拨付给各大钱庄，让钱庄用这些款项进行短期高息的放款。在清末华资私营银行还不成熟的时候，钱庄就是外资银行与中国工商企业之间的中介，而外资银行的华人买办就是银行和钱庄之间的中介。经过华人买办的精心运作，外资银行还陆续向中国的地方实力派进行放款，甚至协同地方政府进行大规模的基建设施投资。

1874年，席正甫远赴天津，代表汇丰银行和清廷直隶总督兼北洋大臣李鸿章洽谈借款事宜。清廷以盐税为担保向汇丰借款两百万两，年息八厘，还款期十年。这就是著名的"福建台防借款"。这是汇丰银行对中国政府进行政治借款的开始，也是外资银行支持中国自强运动的开始，更是席正甫获得李鸿章等清廷重臣赏识和信任的开始。之后李鸿章一直要求席正甫入朝为官，被席反复婉拒，最后接受了个二品衔红顶花翎才作罢。

席正甫此次借款成功，自然也得到了汇丰银行高层的信任。当时王槐山年老多病，早有倦勤之意，看到席正甫经过近十年的锻炼已经能够独挑大梁，而汇丰管理层对其也是赞赏有加，于是就作保推荐席继任买办，自己退休。但是王本人担任买办有特殊的人际原因，汇丰高层对席毕竟没有那么信任，所以要求席在担任买办之前向银行缴纳两万元的保证金（或相当于此数目的有价证券或租界内房产）。

继任买办须由现任买办作保推荐，并要求继任买办缴纳巨额保证金，其实是当时中国各地租界的惯例，近八十年之中一直未变，并非针对席正甫一人。当时席氏兄弟在上海已经拼搏近二十年，并开设有钱庄，但猝然拿出两万元，却有点力所未逮。王槐山解决了这个问题——他先行垫付保证金，但签订协议，须分润席正甫作为买办的收入，按期分红。然后王便回乡养老，不久死去。但问题在于协议没有写明这两万元究竟是参股本金还是私人借款，席正甫是否需要归还，因此后来席和王槐山的后人为此事打起了官司，争执了好多年，最后私下了结，外人至今不清楚最后处理结果。

席正甫一旦就任汇丰买办，就开始以继任买办为目标培养其长子席立功。他首先让席立功刻苦学习英语和现代基础金融知识，然后让其进入钱庄从学徒做起，熟悉传统金融业的基本业务和运转惯例，其后让他担任自己的助理长达二十年。席正甫长袖善舞，和上海历任地方官都关系良好，上海道台袁树勋即是其结拜弟兄。由此关系，他又让自己的次子席裕昆担任道台账房，后来成为大清银行营口分行的经理，顺利地进入了中国的官方金融系统。

作为汇丰买办的席正甫自然也是清廷洋务派官员争相结交的对象。李鸿章和席正甫有着终身友谊，左宗棠每次来上海必会拜访席正甫，并且于1878年通过自己的财政幕僚胡雪岩和席谈判，得到了一笔三百五十万元的借款。据说因为李左交恶，李鸿章请求席正甫用金融手段打击左宗棠，最后导致1883年的上海第一次金融风潮，"红顶商人"胡雪岩及其开设的二十余家阜康钱庄是最大的受害者。这本来起源于生丝生意的垄断，据说为挤垮外商，胡雪岩包下了当时中国所有的生丝囤积居奇，但恰好当年南欧生丝丰收，国际生丝价格大幅度下跌，胡氏为了挽回损失而紧急抛售，几天之内就损失了上千万两白银。

他转而向上海的外资银行求救，但出于外商对他的集体憎恶，也出于李鸿章的暗中授意，由席正甫担任华人买办的上海汇丰银行牵头，非但不加以援手，反而加速将资金抽离阜康钱庄及其相关银号。于是胡雪岩只得将钱庄的存款挪用来填补资金窟窿，导致信用破产而引发挤兑风潮，他名下所有产业全部倒闭，和他有关联的金融机构也纷纷破产。他本人当然倾家荡产，两三年后抱憾逝世。

席氏家训和教育

"洞庭商帮"作为一个商业团体崛起于历史，是在晚明时代，而席氏家族第一次于经贸领域繁盛发家，也是在此时的万历年间，其奠基者是左源、右源兄弟。他们的父亲席洙，被称为"承前启后"的人物，席氏家族至今感激他对于左源、右源兄弟的教导，并把其手撰的家训《居家杂仪》作为附录编入家谱，让子孙世世代代学习效仿。

《居家杂仪》这本书自然秉承了宋明理学的伦理精神和晚明时期村社（家族）自治的许多惯例，但也并非是对于司马光同名著作的简单模仿。在书中，席洙明确地说，"凡人子弟读书不成，从幼可习生意"，将经商提到了和业儒、科举同样重要的高度。并且在这本家训中，席洙还津津乐道于许多具体的经营经验，把"生意经"直接写入祖训，这是之前很少有的事情。席洙此举，在道德上和规矩上确立了席氏家族的经商方向，因此席氏家族将其奉为永远的"精神导师"，也是很有道理的。

至于席正甫训练自己的子弟，在其后人的回忆中有零星的记录。席正甫对后人的培养是功利性、实用性、针对性很强的。作为外资银行（或洋行）的买办，除了人脉和经验之外，有几个必须要掌握的业务技能，那就是对于中国传统金融（银钱）业的熟悉，对于洋人东主语言和生活习惯的熟悉，还有就是对于外资企业经营流程和惯例的熟悉。因此席正甫一待子弟成年，即令他们进入钱庄学习，从最基本的学徒做起。同时让他们去上语言夜校，在业余时间学习英语（据说一年之内就能流利对话，费用也就二三十元）。当然，席正甫的长子席立功也是如此培养自己子弟的。

席正甫世袭的成就

汇丰银行能够在清末、民国时期（尤其是三十年代之前）隐然成为中国事实上的中央银行而操纵全国的外汇牌价和金融走向，固然和其雄厚的资金实力与洋人大班的经营有方有关，但席正甫、席立功父子在其间也立下了极大功勋。如果说席正甫担任买办时期（1874—1905）是汇丰的创业期，那么席立功担任买办时期（1905—1922）则是该银行的稳定期。作为创业者，席正甫固然名声更大，但事实上，汇丰银行成为中国金融业的命脉枢纽这一伟大的成就，却是在席立功手中奠基的。而且席立功为人善于结交，广获人缘，在当时的江浙财经界，论起影响力和信任度，似乎要高过其父。据说，在他做买办的十几年间，汇丰银行的对华业务每年都成倍增长。

席立功之子席鹿笙担任汇丰买办时间太短，仅有七年（1922—1929），没有什么显著的成就。而且据说席鹿笙私生活不很严谨，比较好色奢侈，在业界人望不高。

席正甫有六个儿子（其中第五个儿子早逝），他五个儿子中，在金融业中最著名的是长子席立功一脉和三子席裕光一脉。席立功一脉继承的是家族基本业务——汇丰银行买办，而席裕光一脉则是和中国银行（及其前身大清银行）有着密切关系。

1905年，清廷设立国家银行性质的"户部银行"。这一年虽然席正甫去世，但因为之前曾参与其事，他几个儿子都知道内情，因此一旦银行设立，席氏家族纷纷参股。正在宝信银行担任买办的席正甫三子席裕光当即出任上海分行副经理。这也是席氏家族正式进入中国国有银行的开始。1908年户部银行改名"大清银行"，席裕光任上海分行协理。

在华资金融界，席裕光的两个儿子席德懋、席德柄更为著名。席德懋（1890—1952）毕业于上海南洋公学后赴英国留学，为伯明翰大学商科硕士，回国后长期担任意大利驻华银行"华义银行"经理。需要说明的是，他和国民政府财经巨头宋子文私人关系良好（他的女儿梅英嫁给了子文的弟弟子良），因此1928年11月国民政府正式成立中央银行的时候，席德懋即被财政部长兼中央银行总裁宋子文聘为发行局副局长。此后他长期掌管中央银行的汇兑业务。1935年后他作为政府代表，以"官股董事"的身份参与了中国银行的人事变更和业务管理，并于1946年担任纽约分行经理，两年后任中国银行总经理。

席德懋的胞弟席德柄是麻省理工学院的工科学士，回国后长期在政府的财政、税务部门任职。1931年，他被国民政府财政部聘任为中央造币厂厂长，一直到1946年。现在的上海东平路有家叫"席家花园"的餐馆，其原址即是席德柄在上海的别墅。

席氏家族的财富和没落

在上海滩，席鹿笙"花花公子"的名声远胜于他的买办头衔，他担任买办后见了外国人总是回避，每天只在买办间坐坐而已，实际业务由副买办龚子渔负责。龚子渔唯恐人家说他挖席家在汇丰的老根，特地向汇丰大班反映，由两人合做买办，各出一半保证金，利益平均分配。这与一般人合做买办只有一人出面的情况不同。1929年席鹿笙因抗拒强盗绑票而被开枪打死。因子年幼，席家已传接三代的汇丰银行买办职务就此旁落，由副买办龚子渔升任正买办。（据说有人向汇丰银行大班汇报买办被杀时，大班指着龚子渔说："买办不是正在办公吗？"可见在洋人眼里，席鹿笙早已无足轻重了。）龚子渔担任买办到1937年，其身份还是席氏家族合伙人，因此法律上席鹿笙死后的八年间仍是由席氏家族在掌管汇丰的买办业务，故而也有金融史家将席家作为汇丰买办的年份算作六十四年（1874—1937）。席氏家族谈不上"没落"，但事实上，席鹿笙死的时候儿子年纪还小，家族缺乏有力的接班人和掌舵人，因此社会影响力就此一落千丈，不过财富和产业仍在。席鹿笙死的时候，两个儿子一个七岁，一个五岁，毕业于圣约翰大学后，于四十年代后期都去美国留学（投靠当时任中国银行纽约分行经理的席德懋），并在那里定居。原本他们在纽约每月能够得到从上海家中寄来的生活费，自1949年以后便中断了，因此只能勤工俭学，谋生颇为艰难。

根据1923年的调查，上海金融界从业人员的年薪一般在三百到八百元之间，对于当时的中国社会而言已经属于高薪。但买办的收入远高于他们。一般而言，当时买办的年薪是一万到十万元，而汇丰银行标准较高，席正甫刚担任买办，年薪即有五万元（相当于如今人民币一千万元），之后上涨到十万元，为外资银行之华人买办的翘楚。因此五十余年下来，仅席正甫—席立功—席鹿笙一脉所累积的财富就可想而知。当然，席家因为在金融界地位高，因此交际频繁，生活豪奢，一般而言，他们每年的生活支出就达到两三万元。

席氏家族对外投资很少涉及工业（如棉纺、面粉业），大多是钱庄和房地产。从清末以来，以钱庄业为代表的传统金融业就渐渐式微（1925

年，钱庄业在上海金融业中的资金份额仅有22.5%，到二十年后更是跌到13.6%），因此席氏家族投向钱庄业的资本，盈利并不理想。能够经营下去的钱庄，也以亏本居多。

他们投资房地产是成功的。席正甫死后，他的职位传给长子席立功，而以房产为主的家产则由六房儿子均分。据席鹿笙的长子席与镐后来回忆，仅他们一家在上海就建有一百栋"town house"（联排别墅）用于出租，当时的中德医院（即后来的卢湾区妇幼保健医院）也是他们租给医院的家庭物业。但是1922年席立功死后，其家族声望就大不如前，颇受当时黑恶势力的欺辱，席鹿笙被绑匪杀害就是明显的例子。此后席家虽然房产众多，却经常不能按时或索性收不到房租。抗战爆发后，席与镐回忆，他家一次就被日军抢劫了价值二十万元的金条和首饰。

隐形富豪：程氏家族

1860年苏州沦为太平军和清兵交战的杀戮战场以后，殷实地主纷纷逃亡苏中地区，而商界人士则更多投奔上海租界。这些苏州富商带来的人才和资金给上海注入了全新的活力，也成为上海华人金融界的组成部分。而程氏家族就是其中之一。在外资银行买办中，洞庭东山的席氏家族最为著名；在钱庄业的排行中，古城区的程家、东山的万家、木渎的严家榜上有名；在华人银行界，以狮子林为故居的贝氏家族最为著名。

程家为何重要，我们可以看一下《上海金融志》。据这本专业资料介绍，上海银钱业有三家最重要的钱庄，无论开设历史还是业务量都排在上海的前列，而这三家的东主都是程氏家族。但为何又称他们为"隐形富豪"呢？因为程家从来信任职业经理人，家族中人很少走到前台进行具体的行政管理和业务操作。尤其是二十世纪二十年代以后，上述三家钱庄的管理和业务全部交给宁波慈溪人秦润卿全权负责，程家子孙全然退出金融圈，成为所谓的"隐形人物"，目前甚至连历史资料都很少。

恒孚银楼的故事

程家的祖先叫程静轩，出生于十五世纪末，也就是明朝弘治年间，是如今的安徽徽州休宁人。当时的苏州已经是江浙地区最繁华的城市，于是嘉靖年间程静轩就来到苏州工作和定居。好几世家族一直人丁寥落，一脉单传，直到满清初年传到第六世程志敏的时候，才开枝散叶，家族兴旺起来。传到第九世的时候,程家开始发迹;到第十一世,即出现了本篇文章的核心人物——人称"程百万"的金融家程卧云。但是,在讲他之前,我们先介绍一下苏州程家另一位十一世名人——程蟾香。

程志敏共有五个儿子,人称"五房",其后代中的著名人物都是第二房程翰的后人(如图所示)。程翰有四个儿子,老大叫程瑚,其曾孙就是程卧云;老二叫程琏,其曾孙就是程蟾香,我们今天为何介绍他呢?因为他就是清末和民国时期江浙沪最著名的金店——恒孚银楼的开创者。

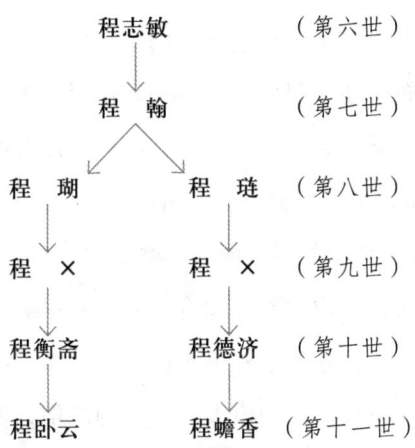

程蟾香的父亲叫程德济,也就是程琏的孙子,最早在南濠街开木行,后于1788年和人合股开设"景孚金铺",这就是恒孚银楼的前身,迄今已经二百二十五年,所以这家银楼的广告经常说自己有两百多年的历史,也算正确。1860年洪杨之乱,程蟾香坐船逃到上海,随身只带着一张桌子,其实桌腿都是挖空的,里面塞满了金条,这就是他们家全部的现金。到了上海以后,程蟾香退出景孚金铺的合股,用桌腿中藏着的那些黄金独立开设了一家金店,即恒孚银楼。后人就将程德济这一脉称作"恒孚程家"。

等兵乱稍微平息,程蟾香回到苏州,于1865年在南濠街开设恒孚分号。明清两代，苏州最繁荣的区域便是阊门、石路和南濠街一带，但是经洪杨之乱乃全部毁于战火，观前地区倒是发达了起来。如此，程蟾香便把自己的家和银楼都搬到了观东陆稿荐西侧，称作恒孚总号。后来恒孚程家把观前街从洙泗巷到醋坊桥所有的朝南门面，除了陆稿荐等两家外全部买了下来。

而观东的这些住宅占地三四千平方米，一共六进一百多间，是程蟾香买了这一片房子后翻造的。就在他刚开始重建的时候，有一位女士找上门来，说，洪杨之乱以前，我是这房子的租户。战争刚起，我把自己家所有的金银财宝都埋在屋子里这块地的下面然后就逃难了。现在局面安定而回乡，发现您已经把旧屋买了下来。照说我不应该提出非分要求向您索还旧物，但早听说您是仁厚长者，所以我厚着脸皮来求您，这块地皮下所挖出的金银财宝，我愿分一半给您。

程蟾香的确是个仁厚长者。他当初逃难到上海后即用余钱造了很多房子给逃到上海的同乡居住并时常周济他们，到最后手上现金都用完了，他竟然拿出给自己准备好的上好棺木向富商胡雪岩换了五百两银子，继续资助乡人。战后回乡，他知道大家都穷困潦倒，便把所有的欠条债券全部烧掉。当然，他也应了这位妇女的要求掘开地面，果然发现一个地窖，藏满了金银细软。当然，他也一介不取，所有的财宝都由这位妇女带走。

在业务上，程蟾香更是克勤克俭，注重信用。他的字号的金器成色之标准得到了大众信赖。恒孚银楼刚在苏州开设一年，就在当地一百家金店中销售名列榜首。上缴国库的饷银，只要打上"恒孚"字样的，官府就不再检查，因为它们的成色和分量总是最出色的。

程蟾香去世后，其子寿命不长，家业由儿媳掌管。等其孙子，也就是程家第十三代程志范长到二十岁时才接过管理大权。程志范经营三十年，是恒孚银楼的鼎盛时期，一共在长三角地区开立分号八家，当时江浙沪家家以收藏恒孚的金器为荣。程志范"疑人不用，用人不疑"，一旦信任了属下，便全心托付，终不相违。他之前信任张清如，张氏死后，又将家业托付给其弟张清笙。1931年程志范病危，临终前将所有子弟后代叫到床前，让他们跪下，然后宣布，今后恒孚程家不得再插手银楼的具体管理，只作为东主享受股息分红，业务工作交予张清笙全盘负责。

中国的家族企业如何保持长盛不衰，相信一直是个令东主和管理者头痛的难题，而将全权交予职业管理者，业主完全退在幕后，就是程志范的思考结果。从1788年景孚金铺创立算起到1931年，这个发展了一百四十三年的家族企业终于作了这个决定，那么，这仅仅是偶然吗？

程氏钱庄：从程卧云到程觐岳

就在恒孚程家将家业全盘托付职业经理人张清笙之前九年，很有趣的是，另一脉程家，也就是人称"钱庄程家"的程卧云家族后人程觐岳也将自己的三家钱庄托付给了职业经理人秦润卿。

刚才我们说的程蟾香和这一节我们说的程卧云都是苏州程家第十一代，他们的曾祖父程瑚和程琏是亲兄弟，这我们已经知道了。程卧云的父亲，也就是程瑚的孙子，程家第十代程衡斋开典当为业，已经是个富翁。程衡斋是个有远见的人，洪杨之乱刚起的时候，他就担心时局混乱，遂命程卧云带着十万两白银到上海开设钱庄，果然没几年，江浙涂炭，上海租界成了这一区域唯一安全的孤岛，程卧云便带着子女家属亲戚定居上海专心经营钱庄。当然，正如我们开头说的，程家在苏州的产业，包括钱庄、典当、老宅，全部荡然无存。当时很多苏州富翁都汇聚租界，看到同乡开设的钱庄非常信任。加之程卧云本人又办事干练，注重信誉，因此业务不断发展，并于各地各处开设其他钱庄，资产雄厚，影响广泛，人称"程百万"。

程卧云有一子二孙。可惜儿子早死，大孙子又罹患精神疾病，因此家族企业的经营责任，落到了二孙子程觐岳身上。由于程卧云离开现在太远，资料中已经找不到对他的回忆；我们现在所描述的程氏家族的行为规范和业务准则，其实是程觐岳本人的风范和业绩。

程氏家族的作风非常保守，专心经营银钱业，甚至连田产也很少购置，一心一意投身于金融行业，因此成绩斐然，令人称道。而且程觐岳经营稳健。他曾说道："为人不可贪得无厌，生意不可做足。钱庄经营全凭信用，营运资金大部分靠客户存款，如果将资金全部投放出去，一旦客户提存将无法应付，所以一定要留有余地。看起来似乎收入少了，但能保持长久，实是多收；如将资金全部投放出去，看起来收入多了，但一遇风险就要搁浅，实是少收。"

程觐岳知人善任，用人不疑。在他手下涌现了大批上海著名的金融家。他的多位钱庄负责人都担任过上海钱业公会会长或董事。著名金融家秦润卿还是他的钱庄副理的时候，放了几笔数目较大的呆账收不回来了，面对众人的诸多抱怨，程觐岳淡然地说："润卿是个人才。呆账归呆账，副理还是副理。"程觐岳平时视察钱庄，只是走走看看，从不批评经理和副理，如遇到普通员工向他私下陈情，举报经理的缺点和错处，他往往会维护经理的面子和地位。只有最后离开前，才在门口悄悄地向经理指出一二，以引起注意。

现在中国出版了很多成功学和"管理秘籍"之类的参考书，都是从海外引进，既有文化隔阂，又不接中国地气。其实我们应该掉头重来，仔细研究刚才的"恒孚程家"和现在说的"钱庄程家"，他们的产业都有百年之久，若不是此后国家发生巨变，相信也可以永续经营，长盛不衰。因此我觉得，他们的一些经验、规则、思想、制度才是现在的中国企业和企业家应该吸收和学习的。

程觐岳非常善于和职业经理人以及普通员工分享企业经营的利益和

利润。本来程氏钱庄按照行规，每年把分红数额分为十六份，股东得十份，职工能够分享六份。后来程氏为了回馈员工、分润利益，将分红数额分为十九份，股东十份，职工九份。而且还规定，增资的时候，股东部分得到的是股份，而职工部分得到的是现金和房产。比如程氏钱庄1943年增资的时候，将福建路、茂名路、南京西路等一大批上海钻石地段的房产以分红的方式赠送给经理人员。程氏钱庄创立的时候，家族股份占到90%，而到二十世纪五十年代初"公私合营"的时候，已经下降到微弱多数，可见作为程氏钱庄的经理人员分得了多少好处，而程氏家族又赢得了多少人心。

最著名的职业经理人：秦润卿

程觐岳在晚年的时候经常告诫后辈："我已经替你们挣好了家业，打下了基础；只要你们安分守己，不要荒唐，就可以坐吃无忧了。"他年轻时虽然贵为少东家，却是脚踏实地一步步从钱庄学徒做起，兢兢业业，精通业务，但似乎，他并不希望自己的儿孙子侄也是如此。1923年临终时，他将这种思想发展到了极限。当时程氏在上海共有三家钱庄，人称"三联号"，程觐岳吩咐，在他死后，所有的三联号业务和家族事务全部交给秦润卿管理，家族不分家，程氏子弟每年只准享用红利，但今后不得干预金融业务和日常管理。

事实证明程觐岳这个临终决定是正确的，他死后，三联号在秦润卿的管理下，每年的盈余达到十万到十五万两，1925年甚至达到三十一万两。秦润卿是宁波慈溪人，钱庄学徒出身。直到1952年"公私合营"为止，之前的六十年他一直在为程氏家族服务，历经五代人而长盛不衰。尤其在他全盘管理程氏钱庄的三十年中，业务稳健踏实，欣欣向荣，三联号中的三家钱庄，净资产一直名列全上海钱庄的一、二、三名，不能不说是个奇迹。

秦润卿既忠诚可靠，又精通业务，而且有着现代金融业的眼光和手段，纠正了不少传统银钱业的弊病。我总结了一下，简而言之，当时上海钱庄的经营主要有以下四大弊端：放"宕账"、做"缺单"、求"外滩"、讲"信用"。让我们来看看，秦润卿是如何在其管理的钱庄中纠正这些缺点的。

放"宕账"。以前钱庄的薪水非常微薄，因此东主允许经理和职员（学徒除外）能够预支一笔钱，到年底分红时才结账，不计利息。这笔钱一般职员就用来对外放款谋取高利回报。更有甚者，钱庄允许这些钱一直挂在账上无需结算，有的数额甚至达到十几万两，这就称之为"宕账"。这些账目一旦经手人发生投资或投机错误，就会化为乌有，职员和钱庄同时蒙受重大损失。秦润卿一做经理，立即取消自己的宕账，并且提高职工收入，并规定今后不要说员工，连股东都不得享有宕账这种特殊待遇。如此一来，外界对他所管理钱庄的资金安全信任度大增，钱庄更加得利。

做"缺单"。所谓"缺单"就是钱庄只要觉得有利可图就大规模放款，不管自家实力如何、承受力如何，甚至放款数额超过存款数额，于是再向外资银行拆借以渡过难关，甚至转向投机。如此，一旦放款不能及时收回，就会动摇钱庄的基础，一旦客户提存而钱庄现金不足无法支付，又会影响钱庄的信誉。因此秦润卿规定，宁可少利息、少利润、少业务，也绝不做"缺单"，更不向同业拆借。他管理的钱庄还经常备有四十到五十万两白银作为同业拆借的备用金，也可使自己钱庄有个抵抗金融风潮的蓄水池。

求"外滩"。因为大部分外资银行的总部都设立在外滩，因此当时上海银钱业将外资银行称作"外滩银行"，把外资银行的放款叫做"外滩银子"。当时钱庄都以得到"外滩银子"为利好,并且对"外滩银行"依赖性大,认为得到他们支持是钱庄经营的基础。但秦润卿反对这样做,他认为,"外商银行犹如笑面虎",一旦发生经济危机,外资银行就会加速逼迫钱庄而抽离资金,不给钱庄以周转喘息的机会。果然,1910年上海"橡皮股票风潮"中,洋行买办出身,并且依靠外资银行开设钱庄的宁波镇海叶家和苏州木渎严家在上海的钱庄全军覆没,尤其是严家自此退出金融业。

讲"信用"。这里的"信用"是"信用贷款"的意思。中国以前的钱庄之本意,是家族中的有钱人给同宗同乡的生意人提供资金,松紧头寸,帮助周转。因为彼此知根知底而且血脉相连,因此两相签约只凭信用。秦润卿认为这不利于钱庄业的对外拓展,因此将信用贷款改成抵押贷款。当然,凡事积重难返,直到1925年,秦润卿管理的钱庄还有二成放款为毫无抵押品而只凭私人关系的信用贷款,不由让人感叹习惯势力的强大和制度改革的艰难。

苏州的金融世家：贝氏家族

在朱元璋对地主富户的严厉打击下，明代初年的苏州曾一度萧条，而伤害最大的，是苏州、松江两府的赋税钱粮额度为全国平均额的十倍，这一政策持续了四百年之久，既最大程度地掠夺了苏州人创造的财富，也因为农业耕种的利益太小，刺激了工商业的发展。明代开国一百年后，苏州又恢复元气，成为东亚繁荣的经济大都会，许多外地的行商小贩也不远千里而来，落籍苏州，从此在这里繁衍生息，创业发家。我们之前提到的程氏家族，最早就是明代中叶从安徽徽州休宁县移居苏州，而贝氏家族也一样，是同一时期从浙江金华兰溪县迁居苏州的。

贝氏家族在近代以所谓的"金融世家"而著名，主要是因为家族内有上海银行的股东之一贝理泰，及其儿子贝祖诒曾担任国民政府中央银行总裁。其实贝氏另一脉也很著名，即"颜料大王"贝润生。贝氏家族中最著名的人物当然是贝祖诒的儿子贝聿铭，他中年以后一直是世界最著名的建筑设计师之一。

贝氏源流

贝家迁吴第一世名叫贝兰堂，浙江金华兰溪县人。金华地区自古丘陵遍布，气候宜人，山地岩石中盛产草药，因此当地很多人都以贩卖草药为生，兼做江湖郎中。由于苏州地区的经济繁荣和消费旺盛，贝兰堂于明朝嘉靖年间移居到了苏州南濠街地区，以草药生意糊口，生意萧条，人丁单薄。

一直到第六世贝潜谷（名鈫，1673—1740），家族的生意才有所好转，到其子第七世贝慕庭（名绍溥，1705—1769）乃家业昌盛，成为苏州四位巨富之一。乾隆年间，苏州有"南濠四富"之说，即四大首富均居住于南濠街，分别是戈、毛、贝、毕四大家族。贝氏支脉单薄，贝潜谷有贝蘅山等弟兄，都相继早逝，因此贝氏能够成为巨富，靠的是潜谷、慕庭父子两代人戮力拼搏，日不暇给，刻苦节俭，风餐露宿，才将祖传生意发展成为江浙地区最著名的药材行。两父子都是善长仁翁，据当时人笔记，潜谷已经是"贸易为生，累代行善"。慕庭更是大慈善家，他设立义仓赈济灾民，如果遇到米荒，还会把自己的存粮按照市价的三分之二卖给市民；在他六十岁生日的时候，更是将数万银两的债券当众销毁。

潜谷是贝家第六世，他和他哥哥贝蘅山的十三世子孙贝理泰和贝润生成为了"金融世家"和"颜料大王"，后人说，这和他们家族数代以来如此行善积德有关。于此，也在民间衍生出许多传奇故事。比如贝慕庭从小体弱，但十六岁以后却钢筋铁骨，身强体壮，一生风尘仆仆而不显劳累，当时人就说，这是他青少年时代服用了一味道士仙丹所致，这导致后来他们中药店的养生药丸特别受市场信任。

又比如，贝家有佣人叫阿宝，向来踪迹飘忽，又曾经在水井中捕获过一只三脚蟾蜍，这下坊间又将阿宝和"刘海戏金蟾"的财神童子刘海联系起来，既然贝家的佣人也是财神降临，那么贝家发财成为巨富也是题中应有之义。而贝家也乐得如此以讹传讹，后来在行销江浙的药品包装纸上，索性印上"刘海"画像为产品商标，让消费者知道贝家药材是有财神呵护、百无禁忌的。

贝潜谷、贝慕庭这一脉在贝氏族谱上叫作"潜谷支"，非常繁盛，子弟大多以医药产业为生，他们的"刘海"商标国药成为行销浙北苏南最著名的字号。潜谷支后人也多潜心医学，比如贝慕庭长子的第五世孙，也就是第十三世孙贝赋琴就是苏州名医，号称"贝一帖"，也就是方子一帖，药到病除的意思。

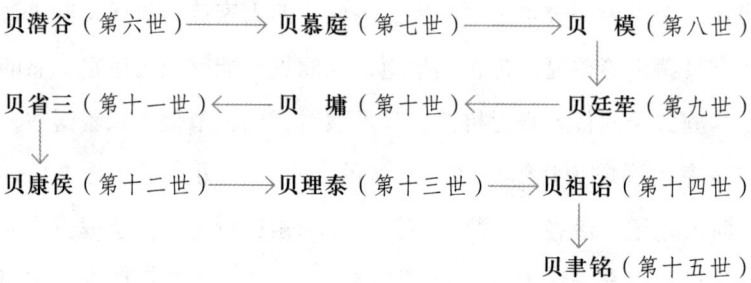

从贝潜谷开始，贝家"潜谷支"一直到贝聿铭为止的直系后代如下：

其中，贝墉是藏书家，据说藏有历代善本万卷，名人墨迹千卷，在当时的苏州非常著名，可惜他逝世十四年后太平军席卷江南，其儿孙无力保护这些文物，被烧成一片白地。当时他孙子贝康侯（名晋恩，1825—1886）是一名监生，虽是一介书生，也已人到中年，却因为家国之仇，刚避难到上海安顿好家属，即单刀匹马去拜见远在杭州抗敌的左宗棠，从此成为左氏的财经幕僚，以三品衔道员而告老还乡。

贝康侯在历史上籍籍无名，但他还乡后的一个善举却对贝氏家族产生了深远的影响。1877年，贝康侯在狮林寺巷购屋近百间重设贝家祠堂，并捐田五百亩创办"留余义庄"，以租米周济贫困的男女族人。义庄规定，每位无以自存的族人每月都可来领取二十多斤的大米以维持生计。义庄还举办义塾，免费供族内子弟求学，如果考取秀才，还有四千文钱的奖励。贝氏家族的贫困子弟为此受益良多并终身感激，其中就有日后被称为"颜料大王"的苏松巨富贝润生（名仁元，1870—1945）。

"颜料大王"的发迹故事

贝潜谷的哥哥，即第六世贝蘅山那一脉，族谱上称之为"蘅山支"，一向人丁寥落，家业衰败，到了十三世贝润生那儿更是如此。他和"潜谷支"尤其是贝康侯的关系已经是五服之外，但康侯考虑到贝氏在苏州不是一个大族，既然财有余力，那么贝润生家庭也应该得到留余义庄的救助。于是润生从小就是被义庄的月米抚养长大的，到十六岁被人介绍去上海做学徒，其行装也由义庄置办。因此，他一辈子对贝康侯的子孙及其留余义庄都满心感恩。

贝润生做学徒的商店，是上海一家叫"瑞康"的颜料行，在他之前老板奚润如已经有了一个学徒，就是后来鼎鼎大名的"海上闻人"虞洽卿（名和德，1867—1945）。他在清末就是巨富，中年后支持三民主义者的辛亥革命、二次革命和北伐革命，与陈其美、蒋中正都有着深厚的私人关系和悠久的政治渊源。上海市区有条贯通南北的通衢干道叫西藏路，在民国时期，就叫"虞洽卿路"，可知其人在上海实业界的赫赫声威。而他发迹的地方，和贝润生一样，就是这家小小的瑞康颜料行。

在虞洽卿年轻时代，关于他的发迹便有个传奇故事。早年奚润如以五千两白银创办这家瑞康颜料行的时候，一直生意平平。某天凌晨他做梦见到某长者告诉他，财神即将莅临，望他做好准备。他就问："财神有什么特征？"长者答曰："财神是位赤脚大仙"，正待追问，忽然被一阵敲门声惊醒。他颇有些气恼地去开门，却被眼前景象所惊呆了——正有一位赤脚少年怯生生地站在他店门口。这位少年便是十五岁的虞洽卿，他从宁波镇海而来，经人介绍到上海进瑞康颜料行做学徒，今天是来认门的，却正逢大雨。虞洽卿生性节俭，怕弄湿了鞋袜，于是赤着脚来到了店门口，正好被店主奚润如确认为"赤脚财神"。

当然，的确是虞洽卿业务上的成功使得老板奚润如的财富蒸蒸日上，当然，这全赖于虞的勤奋敬业，善于交际，讲究信用，精明干练，也有赖于他业余时间自学外语，使得瑞康颜料行可以跳过华人买办而直接和洋行打交道，少了中间环节，自然交易利润也就更高。但民间还是津津乐道这个"赤脚财神"的神话，就像贝氏家族国药店的"刘海财神"一样流传至今，反映出了普通百姓对这些富翁发迹史的不可思议和万分仰慕。

奚润如一辈子只收了两个徒弟，虞洽卿和贝润生。前者在为瑞康颜料行带来了可观的收益后，自己也带着丰富的人脉关系、资金储备和营销经验进入了德商洋行任买办，事业步步成功；后者则谨小慎微地为老板兼师父奚润如忠实地管理着家业。在虞洽卿离开五年以后，奚润如觉得自己病体难愈，精力不支，就召集家中子弟，明确规定今后颜料行生意由贝润生全权负责，子孙不得插手。那时，贝润生才二十八岁。

清末中国人所用的衣物染料称之为"靛青"，其实就是板蓝根的草叶提取物，经不起漂洗，容易脱色泛白，市场上很不受欢迎。1904年，德国科学家拜耳发明化学染料乃于第二年获得了诺贝尔化学奖并将之推向市场，当时敏锐的贝润生就通过德商洋行谋得了该染料在中国地区的行销代理权，并给这种更为鲜艳耐久的化学染料取了个流传至今的译名——阴丹士林。这种产品销售量之广、应用面之广，以致民国时期将所有蓝色的旗袍、大褂、布袍都称为"阴丹士林布"，而这一切的源头，就是贝润生。

此时，贝润生的好运还刚刚开始。第一次世界大战爆发后，德国洋行担心中国对德宣战，自家的商品便会作为敌产而被中国政府没收，就找到相熟的贝润生，以一二折的低价将库存的染料全部倾销给他的颜料行。而"一战"时期正好又是中国民族资本飞跃发展的时期，人民生活水平乃至消费水平也大幅度提升，染料的价格相应成倍上涨，于是贝润生和他的颜料行竟然获得了十倍、十几倍乃至几十倍的利润，从此成为城中巨富。

贝润生是个老实谨慎的人，暴富以后不敢多作投资，更怕子孙挥霍家产，于是开始竭力购进物业，往往将一条街上所有的公寓和铺面都收于囊中。他认为，子孙消费现金会很奢侈，但若要卖房卖地以换取享受，可能就要三思而行。基于这一想法，他由上海滩的"颜料大王"进而成为"地皮大王"，据说全盛时期有房产一千多栋。到1950年对上海市的私有地产进行摸底的时候，贝润生家族名下还有房产四百多栋。

贝润生在上海购房之余，还在苏州乡下买田一千五百亩，但土改时期却仅定为可以合作合营的"民族资本家"而不是作为阶级敌人、清算对象的"工商大地主"，使得贝家子孙避过了更大的灾劫，这是什么原因呢？原来贝润生一直牢记当年贝康侯设立的留余义庄对自己的恩惠，于是三十年代将自己在苏州的田产全部捐出成立"承训义庄"，继留余义庄以后更加热诚地为贝氏族人服务。

不仅如此，贝润生还花了一万银元买下早已荒废的狮子林，又花了八十万银元买下周围一千多亩地的民房宅基并打通狮子林进行整修，园林壮丽，气象奢华，其中不仅是承训义庄的办事处，也是家族祠堂和家族学校的所在地。后来苏州人将"狮子林"作为贝氏家族之代称，即来源于此。

"金融世家"肇造者

民国初年的苏州，有两位热心公益的慈善家都姓贝，一位捐款建造了如今叫"平门桥"的梅村桥并接通了北寺塔到火车站的马路，没有他，苏州人坐火车还要从广济路绕道钱万里桥，他就是贝润生；另一位则捐款建造了阊门到虎丘的大马路，没有他，苏州人去虎丘只能走窄窄的七里山塘石板路，他就是贝润生的族兄贝理泰（号哉安，1866—1958）。

贝理泰属贝氏"潜谷支"，为家族迁吴后第十三世，也就是贝润生的恩公贝康侯的儿子。他原是一名秀才,在留意功名的时候父亲突然去世,作为指定的财产继承人,二十岁就挑起了家族重担。贝康侯在世时和人合伙,在市区和木渎开设了很多企业商号,然而贝理泰接手后才发现,其大部分经营状况不佳甚至连年亏本,于是他决定出盘或收歇。经缜密地核算清点过后,所有企业决定散伙,如果略有盈余的,那么合伙人本利兼得,如果经营亏损的,合伙人还可以拿回足额本金,亏损额由贝家独自承担。

他的精明果断和仁厚守信赢得了合伙人和乡民的一片赞誉,也引起了当时吴县知县吴次竹的留意。于是吴次竹在苏州、松江、常州、太仓等地担任知县期间,聘请贝理泰为其幕僚主管钱粮。当时知县的幕僚称为"师爷",主要负责县衙门的两大业务,即财政赋税和法政刑审,贝理泰就是这样一个负责全县财赋皇粮的"钱谷师爷"。辛亥革命以后,贝理泰依旧留在吴县县政府,任主计课课长,实际上职责范围还是一县的财政事宜。

当时陈光甫从美国宾州大学沃顿商学院学成归国,作为中华民国第一任江苏都督程德全的金融幕僚,创立了官办的江苏银行,其业务和贝理泰多有交集,这也是贝氏和陈氏结交的开始。当时陈光甫倦于官场险恶,想独立创办一家现代化的私营银行,于是找到了贝理泰商量。但贝氏为人谨慎细致,虽然热衷其事,自己始终不肯出资。1915年夏,上海商业储蓄银行成立,初期股本只有八万元,其中常州富商庄得之(即盛宣怀姨太太庄夫人的族弟)出资两万元,任董事长,陈光甫自己出资五千元(其中部分还是庄氏垫付),任总经理。

但银行一经开业,陈光甫的好友,当时中国银行上海分行负责人张公权即代表中国银行存入七万元,这引起了贝理泰的兴趣,于是在年底增资的时候,贝氏出资五千元,并终身担任该行董事。由于和陈的私人情谊,孔祥熙代表孙中山出资一万元;而由于和盛宣怀的私人关系,宋氏家族家长宋耀如也出资五千元，整个股本上升至二十万元。这就是民国时期最著名的私营商业银行上海银行的开端。

这也是贝理泰及其一脉家族正式投身金融业的开始。1917年，上海银行设立苏州分行，由贝理泰担任经理。民国时期的苏州虽然已经衰落成二流城市，但藏富于民，仍有"存款码头"之称，不过当时苏州百姓思想保守，不信任现代型银行而信任传统型钱庄，因此贝理泰的职责即为吸纳存款乃转运于上海等工商大都市，而并非本地放款。根据1937年11月的一份报表，上海银行苏州分行在抗战爆发前夕，商业存款七十万元，储蓄存款六十万元，而放款只有六万元，这一数字意味着贝理泰负责的苏州分行很好地执行了总行规定的战略任务。

贝理泰和美国基督教卫理公会在苏州的医疗、教育事业有千丝万缕的联系。卫理公会在苏州天赐庄开办有博习医院（即如今苏大附一院之前身），贝理泰长期任董事，他去世后，由其子贝祖武任董事长。他的几个儿子也都是在卫理公会开设的东吴大学（即如今苏州大学之前身）附属中学接受教育的。

贝氏家族被称为"金融世家"，由贝理泰开始。他的许多儿孙都继承其事业取向而投身金融界，为中国现代金融业的发展作出了卓越贡献，其中，以其二儿子贝祖诒（号淞荪，1893—1982）最为著名。

"败家"的中央银行总裁

一个人的成功总有很多内在的宿命和外在的际遇。贝祖诒从事金融业乃最后官至国民政府中央银行总裁，其达到顶峰的地位固然来自家庭的熏陶、父亲指引，也和他成年以后的种种遭遇有关。就像陈光甫，当然，他是个精勤敏锐、厚重干练的人才，但如果不认识汉口大买办景维行乃成为他的女婿，就不会受到湖广总督端方的赏识；如果没有端方的提携栽培，也就不会留洋美国，从而开创以后那一番伟大的金融事业。贝祖诒也是如此。

作为上海商业储蓄银行的董事长和董事，庄得之和贝理泰之间的关系，既是投资伙伴，也是至交好友，因此，庄得之的女儿庄莲君也就顺理成章地嫁给了贝理泰的儿子贝祖诒。两人所生育三个儿子之一就是日后世界最著名的华人建筑设计师贝聿铭。

由于庄得之的族妹是盛宣怀最宠幸的如夫人，因此贝祖诒也得以结识盛家，得以进入盛家主办的汉冶萍公司上海总办事处任会计（有趣的是，四年以后，由于盛家和宋家的友谊，从美国归来的宋子文也在这个办事处任秘书），这是他进入财经界的开始。由于陈光甫（据说还有贝润生）向张公权的推荐，他于1914年任中国银行北京总行会计，这是他进入金融界的开始。1923年宋子文在广州为孙中山筹办中央银行并于翌年担任行长，曾为平准筹款事宜赴香港金融界商谈，时任中国银行香港分行经理的贝祖诒给予贷款五十万元，这是他结交中国国民党权贵并步步登顶的开始。

自此以后，他和宋子文成为莫逆之交。贝祖诒一方面是中国银行的高层管理者和中国外汇管理的顶级人物，另一方面，由于宋子文长期掌管国民政府的财政金融工作，身为中央银行理事的贝祖诒也成为国家金融政策的制订者和执行者。1934年，国民政府废除银本位制，改革货币管理制度，发行全新的纸币——法币以维持市场信用，以面对东亚越来越紧张的政治局面和军事挑战，这一过程，贝祖诒自始至终都参与其中。

1946年3月，随着宋子文担任行政院长，他也作为宋氏最忠实的追随者和最被信任的操作者而履新中央银行总裁。按照蒋中正的用人惯例，行政院长只能在央行行长和财政部长中选一个职位让亲信担任，如此，可见宋氏对贝祖诒信任之殷，冀望之重。可惜的是，随后一年对于贝祖诒而言不啻是一场噩梦，很多年以后他才发现，这个职务之于他，既是荣耀的顶点,更是耻辱的起点。这一切还要从宋子文的货币稳定政策说起。

1946年的中国暗流汹涌,抗战造成的大量失血远未复原,国内某些势力又剑拔弩张,不断挑战着中央的政治权威和军事布局。加上苏联迟迟不从东北撤军,加深了民众对政府的失望,随之而来的通货膨胀可以想见。为此,由贝祖诒参与拟订而全力执行的稳定币值政策出台了:一方面开放外汇市场,另一方面实行黄金配售,意图释放央行库存的美元和黄金,来换回民众对于国家纸币的信心。

此项政策开头几个月非常平稳有效。但随着五六月间战火从东北向关内蔓延从而全国都进入了战争状态,人心又开始动摇,而全年的军费预算也被军委会于五个月内就花费殆尽。按照常识,当百姓对纸币不再抱有信心的时候,就会对外汇尤其是黄金抱有特殊需求以获取经济安全感;而国家因战争需要,只能利用外汇向外国采购军火,用黄金支付军饷粮秣的国内开支。如此,中央银行的第一要务并非是向国内抛售黄金以稳定币值,而是终止外汇、黄金的市场交易,对经济进行"总动员"式的统制管理,一直到战争结束。

但令人惊讶的是,直到1947年2月局面不可收拾的时候,随着宋子文、贝祖诒的黯然下野,这项政策才宣告终止。此时,国家的金融命脉已经遭到严重创伤,而这创伤竟然并非来自战争导致的抢掠,而竟是由于一项不得法的政策和一群不得法的人才。根据时任中央银行稽核处处长李立侠的回忆,在1946年底到1947年初这段时间,因为抛售政策,国库外汇损失三亿五千万美元,黄金损失达三百五十万两,占年初库存的四成之多。(须知1949年初国库运去台湾的外汇也不过两亿美元,黄金也不过三百多万两。)五年以后,也就是1952年10月的国民党"七全大会"上,蒋中正依然对此耿耿于怀,他公开批评宋子文道:

> 特别是民国三十六年(1947)间,行政院宋院长擅自动用了中

> 央银行改革币制的基金,打破了政府改革币制的基本政策,于是经济就在通货恶性膨胀的情势之下,游资走向投机垄断,正当的企业不能生存,中产阶级流于没落,社会心理日趋浮动之中,经济崩溃的狂澜,就无法挽救;这是大陆经济总崩溃最重要的环节,亦是今后经济事业最重要的教训,不可不特别警惕。

根据蒋氏日记,他认为经济、金融政策的失败是军事崩溃的"总因"。1950年3月蒋检讨失败因素,认为"财政为第一"。据蒋氏问题专家杨天石研究,宋子文担任行政院长期间,为抑制通货膨胀曾大量抛售国库中的黄金,蒋始终认为此举属于宋子文"误国"中的最大过错。1952年10月,他撰写上述"七全大会"政治报告的时候,对于是否要如实记录此事颇费踌躇,但最后仍然决定"实录",其理由是:宋子文害国败党,私心自用的罪过太多,"以此为最"。到了1955年,仍认为"误用宋子文一人"招致政治、经济、外交的全盘失败。

宋子文是蒋中正的小舅子而一直身居高位,但无论性格上还是政策上都和蒋氏有着深刻矛盾。蒋宋合作二十余年,最大的矛盾,也是最遭后人诟病的政策就是1946年底的黄金抛售政策,而令人遗憾的是,此项政策的执行者是贝祖诒,这不能不说让苏州这个著名的"金融世家"颇有些脸上无光。

03

冒险与财富：上海滩的金融故事

老上海的商帮和银行
上海滩的金融家们
上海滩华人帮会百年沉浮录

导言

我们知道,现代汉语中很多来自西洋的专有名词,都是先由日本人翻译成日语汉字再传播到中国,被中华文化所吸收的,比如空间、时间、哲学、社会、干部、阶级、世界观这些词汇,都是如此。但"银行"这个词却恰恰相反。

明治维新时期,日本将英文"Bank"翻译成汉字"金馆",也很恰当。1870年,财政大臣伊藤博文看到了一本稍早之前出版的《华英字典》,看到中国广东的编撰者邝其照将"Bank"这个经营货币业务规模较大的机构翻译成"银行",觉得是神来之笔。因为"行"是比普通商店要大很多的交易场所,并且涉及外贸,比如"十三行";而中国向来以银两作为贵金属货币。因此伊藤认为,这个词要比原来的"金馆"贴切得多,所以,1872年日本官方正式采用这个汉字词汇。

但是当时的中国,无论是上海还是天津虽然已经向西方列强开埠,却还没有真正意义上的现代银行。以现在眼光来看,简而言之,银行的汇兑职能分担者是传统的票号,而存放款职能的分担者则是钱庄。英国已经在上海等地开设外资银行,但主要客户是政府、海关和外资商行,他们和中国工商企业的业务联系,必须经由行内的华人买办,再通过私营钱庄来完成。

随着政治、经济形势的成熟,华人商业银行在国内陆续开设。清末的中国,汉口、天津、广州都是金融重镇。但我们逐渐发现,上海开始成为中国乃至东亚最重要的金融中心,将兄弟城市远远地甩在后面。究其原因,是非常深刻和复杂的,上海的经济和金融的繁荣,既有赖于各地商帮(也就是地方经济集团)对上海的资金投入和人才投入,也有赖于上海独特的自由主义经济状况。

「老上海的商帮和银行」

上海和汉口的比较：刘子敬

2012年3月，中国并购公会会长、中国金融博物馆理事长王巍博士在接受媒体采访时，提出了如下观点："文艺复兴的实质是人文复兴，通过批判中世纪的经院哲学，让人们的思想从中世纪漫长神学的禁锢中解脱；因此，产生了达·芬奇这样伟大的艺术家，产生了伽利略这样伟大的科学家，也产生了商人阶层。这个群星灿烂的时期，资本主义的市场框架开始形成：第一是契约关系，第二是法律法治，第三是商业交易，第四是商业道德。今天中国所遇到的很多问题，比如最近很热的'吴英案'所折射的高利贷问题，在文艺复兴时期已经通过反复的辩论得以解决。这些东西共同构成了文艺复兴。在这个基础上才出现全球航海、海外冒险、殖民地，最后才出现产业革命。如果没有文艺复兴，就不会有后面这些东西。"

按照我个人理解，王巍博士意思是说，只有保护自然秩序的正常发育，减少公权力对经济的政治干预，才有可能生成真正的资本主义体制。从1843年开埠以来，一百年来上海一直被蔑称为"冒险家乐园"，这也是历史事实。我们所谓的"上海"，其实一直以来是指上海的外国租界部分。在这里，租界当局对企业和社团只有行政管理的职能而没有政治改造的欲望，正是这种独特的社会生态使得上海的经济、金融和工商业的生命力显得尤其旺盛蓬勃。为了使这个观点令大家更加信服，我们先来拿汉口做个样本比对。

民国初年，整个湖广地区的首富叫刘子敬。他父亲是清末汉口最大的俄商买办，拥有资本三百万两白银。他二十一岁时父亲去世，便子承父业，成为当时汉口最年轻的洋行买办。当时汉口是中国最大的茶叶集散地，刘子敬勤奋精明，在其中获利极大。他又兼任华俄道胜银行驻汉口买办，为俄国代理在长江中游的金融业务。仅仅用了五年时间，家族财富便由三百万增值至八百万两白银。

这里说一个非常有趣的史实：几乎所有的华人巨富都是革命党人的天然盟友，刘子敬也不例外。1911年武昌起义爆发，他毫不犹豫地捐助家产以充作同盟会军饷。在革命军和满清政府血战的七十天内，他自费设立野战医院，救助了一千多名伤员，没有拿军政府一分钱。辛亥革命以后，茶叶生意有所萎缩，刘子敬便转而投资房地产业，1915年租金收入每月达到三万两白银。这是他的事业全盛期，据说自备小火轮和汽车以四处游玩并招待客户，家里的佣人多达三十余人。

照说，这类人物的崩溃是难以想象的，但我们必须将政治因素考虑在内。刚进入二十年代，他就受到了俄国十月革命的影响，所有和俄商洋行的贸易只能终结，这是他受到的第一个打击。同样，由于俄国成立了共产党政府，华俄道胜银行也宣告清盘结业。本来刘子敬依靠自己银行买办的身份设立钱庄进行金融再投资，道胜的结业导致他家族企业失去凭借，资金链开始断裂，这是他受到的第二个打击。

更要命的还在后面。1926年广州的国民政府开始北伐，不久占领武昌，由于当时的中国国民党执行"联俄联共"政策，因此苏维埃式的工农运动风起云涌，租房住户纷纷展开革命运动，拒绝向房东缴纳房租。这时，拥有大量房地产的刘子敬真正遇到了前所未有的困境：他丧失了现金收入渠道，而且租界的取消和工农运动使得汉口的房地产价格暴跌，他的房子租不掉、卖不掉，也没有可抵押而寻求得贷款的金融机构。据说他最后只能向高利贷借款以维持生产和生活。

刘子敬最后的命运是悲惨的。1928年秋，也就是北伐军占领汉口租界一年半以后，他便郁郁而终，享年只有四十四岁。他生前开办了汉口最好的中学和小学，专门向平民子弟开放，但在逝世时，竟然欠债高达七百万两白银。

这既是刘子敬个人的悲剧，也是整个武汉工商界的悲剧。当然，我们需要强调的是，在国民革命过程中，中国政府收回外国租界的行为完全正常和正当。但这并不意味着公权力不顾经济发展规律而对自由市场的政治干涉就是正常和正当的。反观上海就没有遇到过这种遭遇。上海租界背靠的英、美、法等强国，国内政治风波并没有涉及海外租界，而且基于自由开放和公平法治的环境也导致经济交易只会产生经济问题，并不会产生行政和政治问题。就像王巍博士所言，旧上海的市场中，契约关系和法律法治一直是超然而稳定的。因此，上海滩也会产生金融投机的失败者，比如我们将提到的"地皮大王"程霖生，但这只是个体崩溃而并非全体困境，上海的工商业者和金融业者只要市场环境允许，总还有卷土重来的机会，不会一蹶不振，集体破产。

商帮的繁荣：马应彪和蔡昌

民国时期最著名的金融家，即上海商业储蓄银行的创办人陈光甫在日记中非常厌恶外界称他为"江浙财阀"。在他眼中，所谓的"南三行"，也就是当时中国由江浙籍金融家开办的三大私营银行——上海商业储蓄银行、浙江兴业银行、浙江实业银行的确有着紧密的票据交换和银团合作，但无论战略部署还是具体政策，都有着明显的不同，根本不能以门阀帮派视之。

我们需要反驳的是，无论陈光甫所言的"南三行"，还是吴鼎昌、周作民等人经营的被称作"北四行"的盐业、金城、中南、大陆四大银行，都是现代金融制度下产生的现代化金融机构，他们的交易依据是契约和法律。而当时上海大部分金融机构为个体化经营的钱庄，他们的交易依据是人情和信任。因此，对这些钱庄的所有者和经营者而言，亲朋、家族、桑梓之间抽象的道德维系比具象的法规条文更加重要。我们曾经提到过，有时候钱庄对工商企业的放款根本无需抵押品，仅仅凭着金融家和企业主的私人承诺，就可以两相进行巨额交易。所以，这些钱庄的逻辑脉络往往由一个个商帮构成，这也是历史事实。

当时上海的银钱业，主要有以下九个商帮构成：

> 宁波镇海的方家；宁波镇海的李家；宁波镇海的叶家；
> 宁波鄞县的秦家；宁波慈溪的董家；湖州吴兴的许家；
> 苏州吴县的程家；苏州木渎的严家；苏州东山的万家。

论到市场影响力，宁波商帮为第一，但若论经营的稳定性和延展性，却要数苏州吴县的程家。民国初年五家最大的钱庄，有三家是程家开设的。苏州木渎的严家出身于太湖中的东山半岛，与万家一样，他们和蝉联上海汇丰银行华人买办达六十四年之久的席氏家族同样属于洞庭商帮，这是因为东山半岛古称"洞庭东山"的缘故。关于洞庭商帮和宁波商帮的传奇故事和历史考证，目前的上海金融史界中多有论及。下面，我们介绍一下不为人关注的广东香山商帮。

在旧上海，南京路上有四大华资百货公司：其一是开设于1917年的先施公司（后成为上海时装公司），创办人马应彪；其二是开设于1918年的永安公司（后成为上海华联商厦），创办人郭乐；其三是开设于1926年的新新公司（后为上海第一食品），创办人李敏周；其四是开设于1934年的大新公司（后为上海一百商店），创办人蔡昌。这四位企业家有两个共同点：一是他们的籍贯都是广东省香山县（香山因为是孙中山先生的出生地，1925年改名为中山）；二是他们都是从澳大利亚归国的华侨商人。

这四人中，马应彪、郭乐和蔡昌的命运结合尤其紧密。最早马应彪因家境贫困，少年时期就离开家乡，跟着族人乡亲远渡重洋去澳大利亚的悉尼谋生。由于勤奋和踏实，他三十不到就创办了永生公司，专门经营水果批发生意，主要是将斐济的香蕉贩运到澳大利亚销售。

永生公司有个合伙人叫郭标，他看到公司经营不错，就叫来了自己的堂弟一起进来发展，这就是后来马应彪的竞争对手郭乐。永生公司有个杂役叫蔡兴，由于聪明伶俐，成了老板马应彪最得力的手下，他也觉得公司很有前途，于是就从香山县家乡叫来了自己十四岁的亲弟弟一起来澳大利亚帮工，这就是马应彪和郭乐的竞争对手蔡昌。这么一个复杂的关系网就如此组成了。

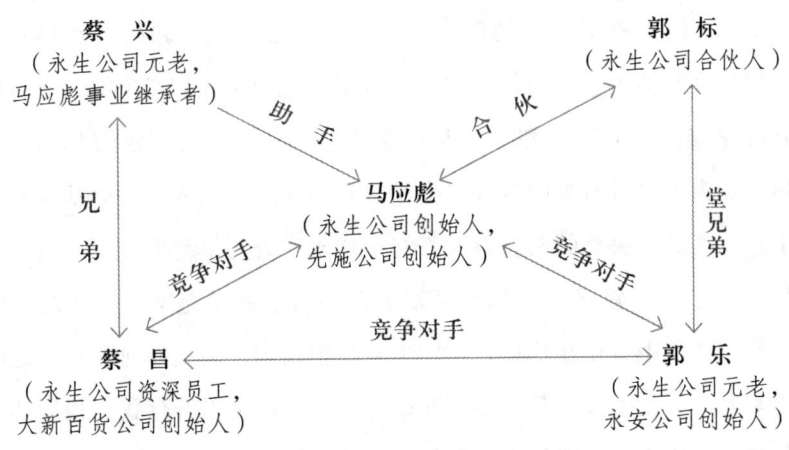

前面曾提到，"几乎所有的华人巨富都是革命党人的天然盟友"，郭标也是其中之一。他后来成为孙中山先生忠实的追随者，一直是悉尼华侨中的国民党领袖。马应彪、郭乐和蔡氏兄弟在事业上有了一定根基后却都相继回到了香港。事业做得最大的，是郭乐。在马应彪的永生公司工作七年后，他积累了一定的资金、人脉和管理经验，于是也在悉尼开设了水果行，这就是永安公司。他的经营范围要广得多，除了经销斐济香蕉外，还从事金融业务，负责华侨兄弟们的存款和从澳大利亚到广东的汇兑。后来，他在香港、广州和上海的永安公司除经营百货销售外，还从事银行业、保险业、地产业，旗下经营的纱厂还是仅次于无锡荣家的上海第二大纺织企业。

马应彪回到香港，则创立了第一家现代型华商百货商店——先施公司，并陆续在广州、上海开出门店；公司还在全国各地遍设网点经营人寿保险公司，营业额高达八百万元之多。该公司的股东中有郭标，也有蔡兴，蔡昌则进了先施公司当职员。后来，蔡昌自己独立出来在香港开了家小型百货公司，经过一番试验和锻炼后，在蔡兴支持下设立了大新百货公司。等到他把大新公司发展到上海南京路的时候，蔡兴也已经接替马应彪的位子，是先施公司总行的总监督（也就是董事长）了。

对于这四大百货公司的创办人，尤其是马应彪、郭乐、蔡昌和郭标、蔡兴之间的关系，我们首先应该肯定，他们是互相竞争的。上海的先施和永安几乎同时开建，又是南京路上正对门，可谓旗鼓相当，针锋相对。为了赶过对方的进度，先施公司不断追加投入，竟然从预算的六十万元增加到决算的两百万元，终于比永安公司早十个月正式营业。但是，在之前的叙述中，我们又知道，同行未必是冤家，君子之争温文尔雅，竞争中有相互扶持，帮助中有暗中较劲，无论如何，几方之间只凭实力，不耍手段，其目标并非踩倒对手，而是提升自我，最后达到共存共赢的地步。这就是刚才我们提到王巍博士说的另外两点：商业交易和商业道德，即是以血缘关系、家族关系和地域关系为出发点，在商业交易中保存温情脉脉和严谨自律的商业道德，尊重和维护社会自发秩序，以求达到利润和良知的平衡乃至升华。

富商和革命党：沈缦云

我们刚才屡次提到辛亥革命中华人富商和革命党之间的关系，其实很早以前我就已经注意到了。1911年10月10日武昌首义发动后，虽然长沙继而响应，但形势其实非常不利于同盟会。因为清政府的北洋军已经陈兵汉口，武昌、汉阳指日可下。幸亏那时候陈其美率部攻克上海、杭州、苏州，乃至12月2日光复南京，否则同盟会已经失去和清政府北洋军抗衡的资本。既然东南半壁尽在同盟会之手，那么无论是清王朝还是袁世凯，只有与同盟会和平商谈才是唯一的出路。

所以，上海起义尤为重要，其领导者当然是陈其美，但主力军却并非陈氏相熟的青帮门徒，而是上海商团武装。以前每当读书到此，总是大惑不解，因为众所周知，商团是上海富商们组织的自卫性团体，应该和现实政治无关，更加与共和革命无关，那么，为何上海商团会如此为同盟会戮力效命呢？后来才知道，我在了解过程中漏掉了一名重要人物，他同时也是当时著名的金融家，中国第一家现代化民营商业银行的创办者沈缦云。

沈缦云原名叫张祥飞，苏州人。因为洪杨之乱，他们全家逃难到上海，他母亲在基督教长老会举办的女校里当老师，十二岁那年，他奉母命皈依基督教并进教会书院读书。他年近二十的时候，无锡有一沈姓富商儿子早亡，膝下只有独生孙女，想招孙女婿入赘继承家业。经书院校长介绍，张祥飞遂攀得亲事，并从妻家改宗姓沈，名懋昭，字缦云，以字行。

二十世纪初，无论是朝廷官员还是民间绅商，都逐渐开始意识到开立现代化银行的重要性。基于传统文明中政府不应过多涉及经济事务，清政府的监察部门对"官设银行"疑虑重重，认为"流弊宜防"，而民间显然没有那么多禁忌。1906年4月，也就是沈缦云三十七岁那年，联合几位民间实业家,在上海创办了信成商业储蓄银行,并自任协理(即副总经理),主持日常管理和业务流程。由于沈缦云办事谨慎,经营得当,信成银行的发展非常顺利,第二年就获得了钞票发行权,南京、天津、北京都设立了分行。当时该银行存款高达七百余万元,钞票发行额也达到一百一十万元。金融史专家认为,信成银行的创办,"标志着现代信用制度发展中的一个阶段",具有里程碑的意义。

当时同盟会已经成立,党人于右任在上海办报鼓吹革命。沈缦云当时已经是名动上海的慈善家,为救助孤儿和创办学校等事宜捐款不计其数。1909年,当他发现同盟会的主张,不禁心向往之,当即和于右任面谈,并捐助经费过万元,这是他用实质行动支持共和革命的开始。1910年,他受上海商务总会委托,进京向清廷要求迅速召开国会,但被严词拒绝。从此,他认为要救中国除了革命已经没有其他途径了,于是在该年年底正式加入同盟会。他也是上海上层富商中加入革命党阵营的第一人。在他影响和鼓动下,上海滩许多知名富商也纷纷成为革命党。

此后沈缦云成为同盟会最大的财政来源之一,几个月之内他就捐款十万余元,办报馆、买枪械,准备根据陈其美制定的战略在长江流域发动反清起义。他还以上海商团公会为基础成立全国商团联合会,并联合上海各界成立同盟会的外围组织中国国民总会,提倡尚武精神,进行军事操练,为即将到来的武装起义做准备。

1911年11月3日下午,上海革命爆发,为减少无辜伤亡,陈其美赤手进入江南制造局劝说固守的清军放下武器,却被拘禁,危在旦夕。正在这群龙无首的当口,沈缦云痛哭陈辞,一时间群情激奋,士气高涨,千余名商团战士通宵猛攻江南制造局,终于在黎明时分攻克这个清军在上海最后也是最重要的堡垒。上海光复,沪军都督府成立。

此后沈缦云主管革命党的财政事宜,信成银行简直成了都督府的财务科,没几天就垫款多达三十余万两。三十年代曾任新华信托储蓄银行总经理的王志莘说:"辛亥民军起义,该行输纳不少,卒以金融紧迫而告停业。"金融史专家认为,"信成银行历史存在虽然只有短短几年,但它以第一家纯粹民间银行的色彩出现在中国大地上的史实,是不会因行龄短暂而被遗忘的"。

共和革命成功了,但沈缦云却厄运连连。1913年"二次革命"爆发,国民党惨败,其领袖人物孙中山先生和陈其美等人流亡日本,沈缦云也全家亡命大连。但他还是没有放弃共和主张,一直进行秘密反袁活动,最终被袁世凯派出的刺客暗杀,享年四十八岁。据说他弥留之际曾高喊:"孙中山先生和我都是不怕舍身的基督徒!"此景此情,令人感动。

业界和政府间的张力:金融风潮

金融史专家们早就惊讶地发现,清末上海的大企业家、大金融家大都倾向孙中山先生的共和革命,甚至投身其中,为之牺牲。上面我们已经举了两个例子,还有"宁波商帮"的虞洽卿,以及我们曾提到的陈光甫,都是很好的证据。为什么会如此?可能他们被革命者的意志和人格力量所感动,可能他们非常赞赏孙先生的政治理念和未来设计,可能他们仅仅是对满清政府充满了本能的厌恶……我们或许无法全面还原当时各人的心态和出发点。那么,让我们先随着他们的履历,去看看当时的政府和金融界的关系是如何的吧。

现在我们要说的是清末上海金融界遇到的三次崩溃性灾难。第一次是1883年11月的金融风潮。具有二品顶戴的"红顶商人"胡雪岩及其开设的二十余家阜康钱庄是最大的受害者。这本来起源于生丝生意的垄断。据说为挤垮外商,胡雪岩包下了当时中国所有的生丝囤积居奇,但恰好当年南欧生丝丰收,国际生丝价格大幅度下跌,胡雪岩为了挽回损失而紧急抛售,几天之内就损失了上千万两白银。

他转而向外资银行求救，但据说出于外商对他的集体憎恶，也出于李鸿章的暗中授意，当时由苏州洞庭东山的金融家席正甫操盘，由席正甫担任华人买办的上海汇丰银行牵头，非但不加以援手，反而加速将资金抽离阜康钱庄及其相关银号。于是胡雪岩只得将钱庄的存款挪用来填补资金窟窿，导致信用破产而引发挤兑风潮，他名下所有产业全部倒闭，和他有关联的金融机构纷纷破产。他本人当然是倾家荡产，两三年后就抱憾逝世。

第二次金融风潮是1897年11月的贴票风潮。什么是"贴票"呢？举个例子，客户向钱庄存入八十元现金，钱庄当场开出面额一百元的一月期远期庄票一张，到时客户就可凭票来钱庄提取一百元现金。一般来说，当时的贴票利率为20%—30%，最高时竟然达到50%—60%之多，以吸引老百姓前来持币购票，说白了，就是以高利吸纳资金。这些资金的用途一般是投资于鸦片商人，以求得短时间获取暴利。

由于滥用信用工具，这种赌博性质的投机活动最终总有崩盘的一天，于是当时上海所有专营贴票的钱庄全部倒闭，虽然蒸发的账面资本只有两百万元，但骤然导致市面上银根紧缩，而且普通存户对金融机构的信用和能力产生严重怀疑和恐惧，因此大部分本分经营的健康钱庄也受到了挤提。总的来说，这次风潮没有上一次来得剧烈，但也显示出行业内部那种无序经营、政府部门缺乏监管的严重状况。

第三次金融风潮就是1910年7月著名的"橡皮股票风潮"。清末中国，将橡胶称作"橡皮"，橡皮股票就是以种植橡树、割取树胶为业的公司发行的股票。1909年发生了世界性的橡胶涨价，导致市场上橡胶业股票迅速看涨，票面额六十两白银的股票被翻炒至一千五百两之高。但是，随着美国政府对橡胶消费限制令的出台，国际橡胶价格又大幅度回落，橡皮股票的交易价也开始暴跌。

我们要说的是，当时清政府在两江总督张人骏的主持下，也进行了紧急救市。但清廷内部的人事倾轧和政治斗争使得这次救市走向了反面。这事情说来话长，简单来说，江苏巡抚程德全逼迫上海道台蔡乃煌去职，使得外资银行也开始对市场失去信心，拒绝收取钱庄开出的庄票，并停止拆借而收回欠款。这一系列举措使得上海超过一半（具体数字为53%）的钱庄倒闭，损失总额超过两千万两。上面我们说过的上海滩九大金融豪门之一的苏州木渎严家在上海设立的八家钱庄全军覆没，再也没有翻身。严家作为一个家族从此退出银钱业，只是作为个体，向上海金融界持续不断地提供了大量的金融人才。

这三次崩溃性的风潮给予上海金融界的教训非常深刻。首先，由于当时中国国力衰弱，外资银行在中国的地位举足轻重。可以说，民国以前中国金融界的命运都由这些外国银行所摆布，中国金融家只能在夹缝中求生存。民国建立后，1915年陈光甫创办上海银行，所提出的宗旨就是"服务社会，辅助工商实业，抵制国际经济侵略"，从"抵制国际经济侵略"中，我们可以领悟到很多血泪斑斑的金融往事。

其次，政府及其官员不恰当地介入了金融运营。北方票号，尤其是山西票号真正的勃兴是在洪杨之乱的时候，完全和当时的时局和政府有着密切关系。南方的钱庄虽然比起来稍微独立一些，但它们也依赖外资银行，并且受到朝廷高官某些个人意志的控制，甚至成了政治斗争的牺牲品。

第三，最重要的是制度问题。金融是现代社会经济活动的枢纽，需要严密的法律法规和清明的法治环境，这一切都是清末的政治体制所不能赋予的。清政府没有对金融行业进行过通盘的战略筹划，因此既缺乏成体系的相关规则，也缺乏可以进行务实操作的金融人才，更没有依据法律和人才而进行实效管理的监管机关。虽然清末的官场上，许多有识之士从不同侧面提出过政府如何发展金融、管理金融的优秀建议，但始终没有形成有效的体制和机制，也从未真正做到过干预和调节，这就是最大的症结所在。

清末的共和革命大潮中，大部分上海金融家都是支持、至少是倾向同盟会的，这大概就和他们上述的总结有关。清政府无能腐败、颠顸愚蠢，可能这些金融家们会想，换个中华民国，市场是否会迎来更加理性健康的明天呢？从现在来看，1912年中华民国成立后和1927年国民政府定都南京后，中国金融界的确有两个高速发展期。在前一阶段，金融界奠定了走向现代银行制度的基础；在后一阶段，政府完善了中央信用体系和金融监管体系。当然，公平地说，其后的政府及其官员与金融界、金融家之间仍然有着不断的争执、龃龉、讨价还价、相互指责，但总的来说，中国的金融事业在1911年共和革命告成以后逐步稳定、健康、有序、明确地向前发展，日渐繁荣。就此而言，我想，当年那些支持孙中山先生革命的金融家们，如刘子敬、沈缦云、陈光甫诸君当年投身革命时的政治梦想，也算是达到了吧。

结束语

1840年中英战争以后的中国社会，开始打破了满清加在中华民族头上的两百年思想枷锁和体制枷锁，慢慢向着全球化、多元化、现代化的方向稳步前行。这个过程充满着艰辛和痛苦，既有外在的侵略和压迫，也有内在的挣扎和抗拒。但我们始终相信，中华民族有着海纳百川的传统思维习惯和文化自信，面对外来先进文化的挑战，既然历史上未曾退缩，那么现实中也必将勇敢面对，庄敬自强，直面弱点，不断地除旧布新，以使得自己中华民族能够更加强大地自立于世界民族之林。

中国当时正艰难地从传统的人情社会向现代的法治社会转型，所谓"礼乐刑政"，中国从重"礼乐"而走向重"刑政"，清末以来的金融发展史正好形象地为此做出注脚。我们也欣喜地看到，即使已经开始用法律来规范市场交易，但家族、同乡之间的信任和依靠并没有消逝，反而成为经济发展中维系交易各方强大的纽带。中国传统文明主张对内而外逐层递进的管理方式,所谓"齐家治国平天下",我们也可以理解,在逻辑和伦理上,行政和法律正是伦理和礼教的外生性延展和使用。

西汉时代有一场著名的争论,一方是朝廷高官,另一方是当时著名的知识分子。他们就政府是否应该干涉乃至控制民间经济运作而发生了充分的辩论,最终得出结论,那就是政府不得与民争利,不得过度干预市场经济的自发运行。这些观点,后来被记录在一本叫《盐铁论》的书中,从此成为儒家对经济问题的经典论述。但金融事业有其特殊性。金融界需要行政管理而不是政治干预,需要政策指导而不是私人恩怨,需要公权力加强国家对外的主权,而不是让公权力向内伤害市场运行。正像王巍博士所言,"第一是契约关系,第二是法律法治,第三是商业交易,第四是商业道德",只有这四者之间形成密切而共生的逻辑联系和制度联系,金融行业才算是真正地走向了市场,走向了世界。

「上海滩的金融家们」

上海在中国近代史的金融地位，我们在这里无须赘述。自1843年开埠以来，上海就渐渐成为外资银行和贸易洋行攻略中国的桥头堡。1860年，随着江南、浙北成为太平军与满清湘军鏖战的沙场，这些富庶之地的大商人纷纷带着资金、物资和人才投奔上海，企图在租界中寻求庇护和发展，于是九十年中，上海无可非议地成为了亚洲最大的金融中心。

所谓的"故事"，便是具有通俗性和趣味性的一些逸闻野史，我们不必苛求"无一字无来历"的历史学严谨，其目的只是要还原历史场景，把读者带入当时的时代氛围中，使得大家能够深入体会近代上海金融家们的精明、勤奋和艰辛。当然，这些故事的"硬核"是真实的。

关于"安徽民工"的故事：诚信

我们首先说的，是一个混迹于上海滩的安徽民工的故事。在满清同治年间，有一个名叫程谨轩的安徽歙县青年来到了上海滩十里洋场。他既没有学历也没有关系，只在四处打工的过程中学会了一口"洋泾浜"英语，倒也能够和外国人沟通一番。至于他到底是做什么工作的，现在有着不同的说法，有的甚至说他曾经是金陵路上的乞丐。不过一般说法只是认为他是黄浦江畔一个搬运工，每天拿着杠棒麻绳，在十六铺码头靠着体力糊口。有一天，程谨轩看到一个东张西望的外国人，就问："你到底在找什么东西？"洋人翻了翻白眼，不理他。他又问："你是不是掉了个皮箱？"然后拿出个皮箱，正是这位洋人不慎失落的。洋人惊呆了，想不到这位看似小瘪三的青年竟然如此品德高尚，非但路不拾遗，还守着失物等着失主回来认领。洋人激动地掏出一把银元想答谢程谨轩，但竟然被程拒绝了。他说："我现在固然缺钱，但更缺工作，你就收留我吧。"洋人看他诚实可靠，就让他做了自己家的门房。

这位洋人是九江路上德国礼和洋行的大班，工作很忙，而礼和洋行其实是欧洲在中国最大的军火商，身为大班也有人身危险。他对程谨轩说："你要做我门房，只有一个要求，那就是我回来得总是很晚，不到九点的敲门绝不要开，那肯定不是我。"想不到凡事总有例外，某天晚上大班回来早了，怎么叫门都没人开，直到九点，程谨轩才准时开门，大班当然大光其火，但程谨轩不紧不慢地答道："你厘定的章程，我一定要不折不扣执行。何况，你不按时在外面叫门，我也要判断一下你是否被人胁迫啊？"这下洋人对这个门房再次刮目相看，觉得他不仅人品优秀，而且做事可靠，又心思缜密。于是决定把他带进洋行学生意，一步步把程谨轩培养成洋行高管。

1914年第一次世界大战爆发，洋行大班回国效力，整个洋行事务就全权交予程谨轩打理。他生意越做越顺，本来在洋行就有了丰富的资金和人脉积累，后来又设立"程谨记"房产公司。程家当时赫赫有名，据说房产总值六千万两白银，每月租金就有十万两。上海滩传说的"金刚钻老太太"指的就是程谨轩的妻子，因为她的旗袍上镶满了钻石。

其实程谨轩发迹的故事有很多版本，更可靠的说法是他并非码头挑夫，而是从小木匠做到包工头再到建筑商，一步步就这么发迹的。这种说法更加合乎逻辑，但民间还是固执地认为路不拾遗的挑夫、忠于职守的门房的故事更合理。其中，似乎也隐含着民间社会和上海财经界、金融界对于重信守诺之人的企盼和祝福吧。

但这个故事的结局并不完美。程谨轩有两个儿子，因为大儿子先天聋哑，所以他临终前把"程谨记"房产的生意交给了小儿子程霖生和大孙子程贻泽。他们做得风生水起，甚至出资规划小区城建，建造了以公司字号命名的"谨记路"（即如今的宛平路）。1931年犹太富豪哈同逝世，程霖生被称为上海滩新一代的"地皮大王"。

然而，程氏叔侄竟然卷进了投机风潮。上海金融界游资丰富而机会众多，经常会不时卷进非理性的炒买炒卖中，无论房产、黄金、期货、股票，能够使人一夜暴富，也能使人一朝破产。苏州洞庭东山严家在上海开设的钱庄，就是在辛亥年间的"橡皮股票风潮"中全军覆没的。这次使得程氏叔侄遭遇灭顶之灾的，是黄金期货投资。加之当时1932年"一·二八"战争阴云笼罩，投资者对房产市场丧失信心，因此两三年的工夫，程谨记破产，程霖生病故。程贻泽则支撑到1935年，也以全部房产抵债而猝然退出上海财经界，那时他才三十一岁。

钱庄的故事：也是诚信

中国金融博物馆理事长王巍博士曾说过："金融是一个国家的心脏，因为它要不断地造血，保持一个正常血液循环，导致整个肌体的健全。"我们用这句话来理解民国时期的上海金融界，就会得到完整的认识。金融业不仅是存款放贷、票据往来和银钱交割，正像血液一样，以银行为核心，不断给各行各业输送氧气和养分，以保持经济运行的勃勃生机。

民国时期的银行业务涵盖面非常广。比如鲁迅在上海最后的居住地大陆新村，就是由当时上海私营银行、规模第三的大陆银行开发建设的。又比如著名的小吃商号冠生园请求中国银行贷款，中行对老板冼冠生的资金运营能力放心不过，派了一名银行职员担任冠生园上海总管理处的会计主任。这样的例子屡见不鲜，不胜枚举，下面，我们来说说庆成钱庄的故事，这也是我们上面观点的一个注脚。

庆成钱庄的创办人为苏州洞庭东山的商人万梅峰，但真正使钱庄发扬光大的，是他儿子万振声。话说二十世纪初的一年，一位钱庄的客户，是一个经营棉纱棉布的老板，想进货但缺乏流动资金，于是就向万振声告贷。万对这单生意根本不看好，因为他发现，这位纱布老板想吃进的白坯布市场已经饱和，很容易就砸在手里导致资金流转不灵，甚至大亏其本。但纱布老板还是一直纠缠，竟然一边游说一边跟着万振声进了厕所。正说着呢，万正好小便完毕一抖，生理反应导致他习惯性地脑袋点了几点。纱布老板还以为他同意了，急忙跑去进货。万振声叫住已经来不及了。既然有了这个阴差阳错的承诺，那就一定要坚持到底。于是立即叫钱庄打钱给纱布老板。

说来也巧，此时正好慈禧太后驾崩，一下子全国居丧，山河戴孝，本来销量低迷的白布瞬间脱销。因此万振声硬着头皮做的投资竟然有了丰厚的回报，从此业务节节拔高，成为上海银钱业的翘楚。

但是《上海金融志》却还有另一种说法。据记载，专家们认为，这故事的主人其实是万振声的父亲，也就是庆成钱庄的创立人万梅峰。据说故事其实发生在咸丰年间，既然主角从儿子换成了老子，那么驾崩者也理所当然由慈禧太后变成了咸丰皇帝。故事的主干内容没有变化，还是一批错误购进的白布因全国举丧而价格飞涨，万梅峰遂成巨富云云。

这两个记载哪一个更接近历史真相，我们如今已经不得而知，重要的是，其中传达出的一些金融伦理令我们深思，那就是信用第一、责任第一，一旦做出承诺就一定要贯彻始终。我们从来对商人有种偏见，认为"无商不奸"，金融家即是银钱通货运营方面的商人，自然会比通常的商人更精明，但上面的故事让我们知道，即使实践中金融家们的道德未必达标，但终究保有着自我和社会对传统伦理的期许，这就是一直激励着他们的向善的力量。顺便提一下，当时在上海的东山人准备创立洞庭东山旅沪同乡会馆的时候，万振声一人就捐款达白银五千两。

金融界谱系：苏州人的上海

在刚才的故事中，我们发现屡屡出现"洞庭东山"这个地名。在太湖东侧有一条半岛伸入湖中，这个半岛的最南端就叫做"洞庭东山"，即现在的苏州市吴中区东山镇。清末以来，东山共有席、翁、严、叶四大家族，都为上海金融界提供了充分的人才和影响力。如果略掉这四大家族，那么上海金融史就无从谈起了。

这四大家族中，以席家最为著名。上海汇丰银行是近代上海最著名的外资银行，1865年正式开业。在其鼎盛时期，曾掌管着上海外汇市场成交量的三分之二，全国的外汇牌价都随汇丰给出的标准而定。外资银行都设有华人买办，汇丰银行自然也不例外。从1874年到1937年，洞庭东山的席家祖孙三代，席正甫、席立功、席鹿笙，在这个位子上一共掌权六十四年。

所谓的"买办"，就是外资银行和中国企业之间的金融经纪人。外资银行有自己的一套固定的组织架构、运营方式和管理模式，有时候未必能够和中国的金融机构或工商企业兼容。为了避免摩擦和增进效益，外资银行大多聘请华人买办，比洋人大班直接出面要方便得多。就外商银行的组织机构而言，买办是它们的出纳部门；就其承担的责任而言，买办是银行对外业务的保人；就具体业务而言，买办是中介人。买办由于平时负责钞票的出纳保管、金银外汇的买入卖出、票据清算、放款保证和存款介绍，所以是银行业务中最重要的环节，因此既需要法律上的抵押品（如房产、存款、股票），也需要人脉上的左右逢源，更需要外资银行高层对此人的长久信任。因此，买办往往会终身制、家族制和世袭制，就是这个原因。

华人买办敏锐地发现，只要能够得到外资银行有效的信任和足够的资金，那么开设钱庄简直是一本万利的生意。于是背靠外资银行的钱庄纷纷在上海设立,其中最著名的是曾担任汇丰银行买办三十年的席正甫和同乡严国馨在1887年开设的协升钱庄。严国馨属于洞庭东山安仁里严氏三房世系第十六世。他早年跟随父亲严徵祥来上海经商,后自己独立门户,成为上海敦裕洋行的买办。经商过程中他结识了东山同乡席正甫,两人一拍即合,于是联合成立钱庄,这就是东山帮商人开拓上海金融界的开始。他们两家和刚才我们提到的万梅峰、万振声父子一起,长期掌管着上海滩的私营银钱业。据统计,整个包括清末和民国的近代中国,洞庭东山的金融家一共在上海设立钱庄多达八十五家,其中大部分都是出自席家、严家和万家的门墙。

严国馨发迹以后,就举家从东山搬迁至如今的吴中区木渎镇,先后购进西街108号和114号,并重新营建修缮。如果诸位有兴趣前去游览的话,这些晚清古迹至今尚存。1902年,严国馨买下了乾隆年间大诗人沈德潜的宅子,请香山匠人从头重造,并尊其母之命改名为"羡园",这就是木渎古镇旅游的精品,位于山塘街的严家花园。

严国馨有五个儿子,其中第四个儿子严良灿继承了他在木渎的事业,是苏州西部地区首富。严良灿有个亲孙女非常著名,那就是现任全国人大常委会副委员长、民进中央主席的严隽琪。严国馨逝世于1905年,同年,他小儿子严良肱有了第二个儿子,这就是严家淦。严家淦毕业于上海圣约翰大学,是国民政府著名的财经官员,抗战以后去了台湾,后任"行政院长"和"副总统",并在1975年蒋介石去世以后继任"总统"。

险丢性命的故事:上海银行

历史陈述往往是枯燥乏味的,令人听得昏昏欲睡,下面专门讲几个虽然无法考证但也言之有据的故事。比如民国时期中国最大的私营银行之一为上海商业储蓄银行，一般简称"上海银行"，当时金融家陈光甫为何要创办这个银行呢？大家知道，陈光甫之前是官办江苏银行的总经理，他是被清末的江苏巡抚程德全提携到这个位子上的。辛亥革命以后，程德全还是主管江苏军政事务的都督，但1913年国民党反对袁世凯政权的"二次革命"爆发后，程德全被迫辞职，陈光甫也就跟着他辞去江苏银行的职务，转而自我创业。这是正史中的说法。实际上呢，野史记载，这其中还有个惊险的插曲。

据说陈光甫一直和同盟会（也就是日后的国民党）中的几个重要人物保持着良好的私人友谊。在"二次革命"中，陈其美、蒋介石等人在上海起义，占领肇和军舰，攻击江南制造局，后来还刺杀袁世凯政权的上海镇守使郑汝成上将。袁世凯的密探查到，革命党人的起义经费都由陈光甫主管的江苏银行进出，于是当局密令就地处决陈光甫。当时袁世凯的总统府秘书长张一麐是苏州人，也是陈光甫的朋友，他看到袁世凯的手令后，就对袁说，陈光甫是本分生意人，对政治不感兴趣，江苏银行这些经费的进出，不过是陈被革命党人用手枪炸弹威胁的结果，陈本人是无辜的。因此陈光甫幸免于难。这消息很快传到了陈的耳中，他听罢大惊失色，觉得这种官办银行其实就是官场，风波险恶，前途难以预测，于是就毅然辞去总经理职务，宁可白手起家，从头创业。

陈光甫是二十世纪中国最著名的金融家，他生于1881年，比蒋介石大六岁。他是镇江人，名叫"辉德"，"光甫"是他的表字。在近代史上我们发现，被人们称字而不称名的人叫"以字行"，都是大人物，比如蒋中正表字"介石"，张人杰表字"静江"，戴传贤表字"季陶"，但一般后人不称他们的名，反而以蒋介石、张静江和戴季陶传世，进入了历史。也有人以代号或笔名传世的，比如孙中山、胡汉民、汪精卫，"中山"是化名，"汉民"和"精卫"是笔名，这些和主题无关，我们就不再一一列举了。

陈光甫出身很苦，十二岁就辍学，进了汉口的一家报关行当学徒，其实也就和一个搬运工差不多地位。由于当时报关行无论口语还是填海关单据都需要通晓英文，因此他刻苦自学，终于在二十二岁那年以流利的英语考取了汉阳兵工厂的英文翻译职位。也就是在这个时候，他结识了日本正金银行的汉口地区买办，此人后来成为他的岳父。

人的成功，除了本人的天分和勤奋外，总需要一些外界助力。1903年，美国在圣路易斯举办国际博览会，清政府决定参加。于是陈光甫的岳父就把这位精通英文的女婿推荐给湖广总督端方，受到了端方的认可，成为湖北省派出在美国博览会的英文翻译。在美国工作了八个月后，为了嘉奖他圆满完成任务，湖北省政府拨出官费让陈光甫在美国深造。就这样，从1904年开始，陈在美国先后进入好几个大学读书，一直到1910年取得费城的宾夕法尼亚大学沃顿商学院学士学位后回国。

这时陈光甫的贵人，也就是当时的湖广总督端方已经调任两江总督，于是陈也就随之来到南京，担任总督府师爷，具体负责洋务文案。端方离职后，他又成为江苏巡抚程德全的幕僚，负责衙门中的涉外事务。辛亥革命后，程德全任中华民国江苏都督，遂委派陈光甫担任省政府的财政司司长，并命陈于1911年底正式创办官办的江苏银行，任命他为总经理。

我们开头提到的陈光甫和国民党人的关系，只是传言，并没有确凿的史料证明这一点。但一些有趣的细节倒是可以作个旁证。1915年6月上海银行创办时，实收资本只有八万元，也就折合如今人民币两千万元不到，到了年底，增资到了二十万元，这些新增股本中，就有孔祥熙以国民党领袖孙中山为名义的投资一万元，也有宋氏家族的家长，也就是宋庆龄、宋美龄、宋子文的父亲宋耀如投资的五千元。这或许是国民党群体对陈光甫的报答和信任也未尝可知。

农学家和银行家：先驱者

下面，我要岔开话题，说一个貌似和本篇文章主题完全无关的人物：邹秉文。邹秉文的"秉文"是表字，名"应菘"，也是个"以字行"的著名人物。他出生于1893年，籍贯苏州，但出生地在其父的工作地广州。他很有语言天赋，五岁时候他祖父去世，他随着父母奔丧回到了原籍苏州，没几天就学会了一口吴侬软语。

这个语言天赋对他帮助很大。邹秉文的伯父当时是满清的外务部尚书，有特权能够安排自己的一名子弟公费留洋。就这样，他十八岁那年远赴美国，从中学念起，很快就顺利地掌握了英语，并在两年后考取了康奈尔大学。

1916年，留学六年以后，邹秉文以康奈尔大学农学学士的身份回到了祖国。其后他专门从事农业教育工作，是金陵大学、东南大学的教授，并亲自编撰教材，还创办良种场，对中国的棉花种植推广和农作物病虫害防治有着卓越的贡献，是当时中国最杰出的农学家。有鉴于此，国民政府于1929年11月创立上海商品检验局并任命邹秉文为局长，他也是中国有史以来第一位商检局局长，从此开始从事农产品出口的检验检疫工作。

但两年以后他却辞职了，于1932年初被陈光甫请到上海银行，担任总行襄理。当时民国银行界的高管，有经理、副理、襄理三个级别。总行襄理便是如今的总经理助理，这是个非常重要的职务，但是精明能干的陈光甫又怎么会让一个完全没有金融履历和财经经验的人，在自己银行担任这么重要的职务呢？

著名的左翼文学家茅盾曾经写过"农村三部曲"，也就是《春蚕》《秋收》和《残冬》，我记得第一篇似乎还是我们的中学语文教材。同样作为教材的还有叶圣陶的小说《多收了三五斗》，故事就发生在吴中区甪直镇。这些文章都生动而深刻地描绘出三十年代初中国尤其是江南地区农民的生产困境——如果歉收，那么一年的辛苦都将白费，农民还会负债累累；而如果丰收，由于运输条件的落后导致销售不畅，恶性竞争下谷贱伤农，农民还是吃亏。的确，当时的中国在农业问题上，落后的生产关系已经制约了旺盛的生产力，这就需要金融界来注入新鲜血液，以杠杆作用推动农业的发展。而这就是陈光甫聘请邹秉文加盟的目的。邹除了担任上海银行的总行襄理外，还兼任农业合作贷款部经理。后来他又升任上海银行副总经理，专心负责农业贷款事宜。

记得北京三联书店在2006年出版过一本叫《穷人的银行家》的传记，说的是孟加拉国经济学家穆罕默德·尤努斯的事迹。尤努斯和他创办的孟加拉乡村银行以"自下层为建立经济和社会发展所做的努力"为理由，获得了当年的诺贝尔和平奖。其实，尤努斯所做的，无非是向农民发放无抵押小额农业贷款，以金融合作的方式使得农民摆脱贫困。而这一切，陈光甫、邹秉文及其上海银行在二十世纪三十年代前期就已经成功推行。这不能不说是中国金融界的一大骄傲。

陈光甫做事，一向眼光长远，精耕细作。一方面，他和邹秉文聘请金陵大学农业经济系的教授担任银行的农村合作事业的总顾问，安排相关事宜；另一方面他还出资六万元赞助金陵大学农业经济系，要求他们延聘当时世界上最著名的农业合作专家和农产品运销专家来校讲课。为了激发学生的兴趣，上海银行还在金陵大学设立专项基金，凡农业经济系学生选读农业合作课程的，考试前二十名的每名学生均享受一百元（相当于如今近两万元人民币）的奖学金。这两项举措为当年的中国培养了大量的农村金融人才，居功至伟。

陈光甫又是勤奋专注的。农村贷款部门正式设立于1933年，仅两年以后，也就是1935年，上海银行就在全国十个省的七十三个县设立了近千个农贷分支机构，受惠农民近二十万户。陈光甫曾说，他经营上海银行的方法是"人争近利，我图远功；人嫌细微，我宁烦琐"。从举办农业合作贷款事宜上，我们可以看出，陈切切实实地履行了自己的方针和承诺。

结束语

中华文明源远流长，从核心价值观而言，就是"忠孝仁爱，礼义廉耻"，从具体方法论而言，就是"由内而外，推己及人"。上面的几个小故事，让我们从头温习了一下近代上海的金融史，从洋行到买办，从钱庄到银行，中国人在内忧外患中一步步坚韧不拔地建设着自己的家园。程谨轩、席正甫、严国馨等人还仅仅具有自利的立场，本能地想从洋人口中挣回一点自我利益。但他们依靠着天赋、勤奋和重信守诺的品格而成功，且成功以后不忘惠及同胞家族，以及由内而外逐渐惠及桑梓父老，既提携同乡后辈一同进步，也慷慨捐助家乡建设。程霖生虽然后来事业失败，但对家乡公益事业贡献尤多。他曾捐资出版《歙县志》；独资修桥铺路，建设堤坝，并栽植杭徽公路两旁树木；赠发电机开办屯溪电灯公司；每年夏令，从上海运送大批防疫药水到歙县分赠乡人治病。

中国传统文化教导君子要"亲亲尊贤"，意思是善待亲人，尊重贤者。孔夫子说："仁者，人也，亲亲为大；义者，宜也，尊贤为大。"如果说上述几位前辈是"亲亲"的话，那么陈光甫无疑就是"尊贤"；如果说上述几位前辈具有的仅仅是家族、家乡观念，那么陈光甫无疑已经将家族、家乡观念放大至民族、国族观念。创业伊始，陈光甫就明确了上海银行的成立宗旨："服务社会，辅助工商实业，抵制国际经济侵略。"终其一生，他完美地践履了这一宗旨。

「上海滩华人帮会百年沉浮录」

在台湾省台北县汐止镇南,乡民们惊讶地发现,平时人迹罕至的大尖山麓,出现了一支浩浩荡荡的队伍,人车拥挤又秩序井然,一眼望不到头。等这些人在题有"誉闻永彰"的牌坊前停了下来,乡民们才知道,原来今天是牌坊后这方墓园的主人——杜月笙的灵柩安厝典礼。

主祭者于右任缓缓走进事先搭建好的灵堂,许世英、王宠惠、张群、何应钦等陪祭者也鱼贯而入,张道藩、钱大钧、谷正纲、陶希圣等国民党军政大员紧随其后。杜月笙一生最讲究"场面"二字,如此身后哀荣,相信他必能含笑九泉。蒋介石为杜氏手书墓铭"义节聿昭",但没有亲自到场。不过,据汐止市政当局的记载,"蒋中正于安厝礼乘直升机盘旋墓园,低徊不已"。看来,蒋氏毕竟没有忘记这位老朋友。

巧合的是,就在六天之前,另一位"海上闻人"黄金荣的丧仪也在上海举办。八仙桥钧培里1号的黄宅,给吊唁的客人准备了九桌酒菜,可是等到深夜,也不过来了十七个门徒。黄氏盛极一时的一辈子,就这样冷冷清清地结束了。

这是1953年6月。杜月笙、黄金荣的去世和安葬似乎是一种象征,以向世人宣告,一个时代正式终结,从此,华人帮会在上海滩彻底消失,只留下一些半真半假的故事,作为茶余饭后的谈资在民间流传。而今已是六十年后,这一抹余晖也渐渐地消失了。

广东人在上海

由于黄金荣、张啸林、杜月笙这三位"大亨"的存在，使得人们一说起上海滩的秘密社团，就会立即想起青帮。其实，在1843年开埠后的十余年间，上海势力最大的帮派，是来自广东的洪门，以及与洪门颇有渊源的、来自福建的小刀会。

按照中英《江宁条约》的规定，上海开放后，英国得以设置领事并驻于县城。但此时中英双方都没有相互交往的经验，英国人不愿进城，宁可在郊外的黄浦江滩头向当地农民租地造屋，成立领事馆。清廷也缺乏外交人才，甚至拿不定主意，用哪一级官员来面对这些可怕的洋人。

上海县属于松江府，但府治很远，鞭长莫及。于是清廷命衙门在上海县城的苏松太道专理洋务，并兼任江海关监督。清朝的官员总是颟顸骄横，对英美法领事的请求往往"说不"，而一旦事情闹大，又卑躬屈膝，所求无不允诺。这种前倨后恭、前后不一的态度使外国领事和大班非常头痛，他们开始建议清廷在洋行的华人买办中选拔能吏，充任道台。

吴健彰就是这样一个人才。他是广东香山人，以外贸而成巨富，是广州最著名的商人之一。上海开埠后，他随美商旗昌洋行而来，并担任买办。吴氏长袖善舞，深谙官场三昧，其为人办事，得到外商和朝廷的一致认可。加上他早已捐班候补道员，因此，清廷不久后即任命他为道台，驻于上海县城，专门处理与外滩那些洋人的交涉事宜。

当时的上海、松江、苏州等苏南重镇，虽然经济繁盛，工商发达，但由于清廷口岸政策的限制，缺乏外贸人才。所以此时络绎而来的，都是与外商打交道比较有经验的福建、广东人。上海县城人口六十万，其中闽粤人士就有十五万之多。

上海的广东人大多是外贸商人，安于现状，因此以粤人为核心的洪门在此少有响应。而驻沪闽人以船工为主，于是以底层民众为核心的小刀会刚于福建创立，其徒众就遍布上海。但随着刘丽川的到来，局面改变了。

和吴健彰一样，刘氏也是广东香山人。他早年在穗港的洋行工作，英语流利，善于交际。因为与外商的糖业生意，来到上海并留了下来。在香港时他加入洪门，来到沪上，发现广东同乡很多，就开始了秘密传道工作，不断发展会员，扩充团体。不久，刘丽川了解到，盛行于福建水手中的小刀会虽然和洪门没有组织联系，但其政治目标也是反清复明。他即以洪门驻上海领袖的身份，拉小刀会徒众入伙。此举虽然不怎么成功，倒也和上海小刀会结下了深厚的友谊。而且，经他的折冲樽俎，之前经常在闽粤人士之间发生的械斗也不复再起，两省旅沪侨民结成了紧密的共同体，并暗中奉刘氏为首领。

1853年初，十余万太平军从武昌沿江东来，水陆并进，连克名城。于是东南震动，各处地方官苦于正规军的防御兵力不足，纷纷组建团练以图自保。上海也不例外，在吴健彰的主持下，成立了以粤籍人为主的民间卫队。由于条件优厚，许多广东人远道而来参加这一雇佣军团体。

此举引起了上海本地士绅的恐慌。太平天国运动虽起自广西，但骨干力量都是广东人，因此清廷蔑称为"粤匪"。如今这些团练都来自广东，万一和"粤匪"产生地域向心力，这可怎么办？但吴健彰不为所动，认为粤籍人吃苦耐劳，打仗只能倚仗他们。

上海士绅情急之下抵制这个决定，拒绝缴纳为组训团练而摊派给他们的钱粮。太平军占领南京后，似乎对苏南没有进一步的战略攻势。既然局面不再紧张，又断了经济来源，吴健彰也就顺水推舟，解散团练。这些"退伍"雇佣军失去了工作，正在怨恨彷徨之际，被刘丽川迅速吸纳进洪门。因为，他在准备暴动了。

暴动的建议是由上海小刀会提出来的。当时福建小刀会已经在厦门杀官造反，树"大明"旗号，上海闽籍人准备积极响应，邀请洪门共同起事。就力量而言，小刀会比较强大，但威望则刘丽川稍高。而且吴健彰的亲兵卫队都以香山人为主，已被刘氏打通关节。因此，暴动以小刀会为主力，以"大明"为号召，首脑却是洪门的刘丽川。

从攻占上海县城开始，暴动坚持了一年多，期间闽粤两帮从没团结过。刘丽川俘虏了吴健彰，想因同乡之谊放了他，小刀会不同意；刘氏投书联系南京，想把旗号改成太平天国，放弃"反清复明"宗旨，小刀会不同意；到局面最紧张的时候，刘氏想服从外国领事的调解，弃械投降，小刀会不同意。后来，吴健彰在刘丽川的默许下，被旗昌洋行救出；刘氏向太平军求援，却被洪杨视为异端而不加理睬；因为重要助手被小刀会枪决，刘丽川最后也没敢投降。不过，广东帮和福建帮有一件事倒是达成了共识，那就是1855年的旧历大年初一突围的时候，一把火烧尽了上海县城，这座六百年名城毁于一旦。从此，上海华界只能依附于租界的卵翼下发展，再也不能独自存活。

郑家木桥小瘪三

清军攻克上海县城后，对闽粤人士开始了严厉的惩罚。除了残酷的杀戮和通缉外，每间闽粤会馆被摧毁，其先人坟墓被铲平，并对留在上海的闽粤商人课以重税——也就是说，清廷要把所有闽粤人都逐出沪上。从此，作为一股势力，闽粤人再也没有重新进入上海，他们留下的空缺，将由逃避太平军兵灾而来的苏州人和宁波人填补。

小刀会暴动对上海最大的影响，除了毁灭县城外，就是打破了之前"华洋隔绝"的局面。租界本来只有华人五百，都是些仆人杂役。小刀会暴动甫起，租界一夜之间就涌进两万本地人。其后太平军兵锋横扫苏南浙北，当地绅商纷纷逃入原本他们不屑进又不敢进的"夷场"，租界人口暴涨至五十万，地价有上涨百倍之多者。租界内的官方行政系统——公共租界的工部局、法租界的公董局相继成立，警务处及下属巡捕房也随之建立。

太平军失败后，到十九世纪七十年代，租界的华人纷纷还乡，但还有二十万人留了下来。从此上海进入一个平稳发展期，各种社会势力重新发生、组合、均衡。毛泽东曾说过，秘密社团是"政治和经济斗争的互助团体"，其主要成员是"失了土地的农民和失了工作机会的手工业工人"。的确，洪门和小刀会被消灭后，一股新的帮会力量正在无业游民间悄悄地生长。

如今的上海延安东路，在1914年前是黄浦江的一条支流，即赫赫有名的"洋泾浜"。川沙、南汇、奉贤等郊县的农民摇着小船，满载着农产品从浦江而来，泊在洋泾浜的郑家木桥畔，与两岸的居民交易。

洋泾浜也是公共租界与法租界的界河，因此形成了"三不管"的局面。最开始时，有一些上海话称之为"小瘪三"的混混在此乞讨、敲诈甚至抢劫，来做生意的农民大声呼救，若是法租界的巡捕赶来，这些小地痞就踏上郑家木桥逃到公共租界，反之亦然，从公共租界逃到法租界。

渐渐地，流浪儿、浪荡子、青皮流氓汇聚于此。租界警方也曾合力遣散，甚至用拖船将他们"流放"到浦东。但没多久就恢复原样，而且愈发混乱污秽，简直是盗贼渊薮。因此，"郑家木桥小瘪三"成为了上海人家喻户晓的俗语，用来指称那些无耻无畏又屡教不改的小混混。

正在租界当局为此烦恼的时候，一个法捕房的"包打听"——上海人对便衣探员的俗称——将这事儿麻利地解决了，他就是黄金荣。

此时是1905年，郑家木桥周围的青皮已经结成了几个帮派。黄金荣当差十年，相当有破案经验，而且出手豪爽，善于花钱笼络"线人"。这样，没几天就了解到，这些小混混无论跟哪个老大，大都听一个叫程子卿的镇江人的号令。

据说程子卿虽然身材瘦削，却膂力过人，因此黄金荣见他的时候，带了好几个弟兄。程一听是巡捕找上了门，并没有反抗。不过令他吃惊的是，这个一脸麻子、颇有点矮胖的巡捕没把他抓到大自鸣钟捕房，反而进了法大马路聚宝楼的一个小包间。在这里，黄金荣要和他谈一个交易。

条件很简单，黄氏承诺和程结拜弟兄，并介绍进法捕房当差，只要他把手下的徒众组织起来，不再敲诈抢劫，而是规规矩矩地向在郑家木桥卖货的农民征收管理费。黄金荣并非帮会中人，但这一做法开启了上海秘密社团日后四十余年的行为惯例，那就是背靠租界当局的政治势力，在灰色地带以保护者而非掠夺者的身份出现，一方面维护市面安定，另一方面得以上下其手，大发其财，顺便也可以帮租界当局处理一些用法律手段无法解决的难题。

当时的上海，具有城市规模才三十余年，华洋杂处，中西交融，这是中国历史上从未遇过的窘境，因此，无论市民文化、社会伦理还是日常规则，都在随着经济发展而逐渐形成。在二十世纪初，黄金荣为帮会厘定了生存法则，自己也受益其中。从此，他依靠秘密社团的力量，屡破奇案，又能保持租界的日常安定，被誉为"租界治安的长城"。五十岁那年，他升任法租界警务处督察长。在租界的行政体系中，华人地位向来不高，黄氏能够身居如此警界高位，实在是一项了不起的殊荣。

黄金荣不是个贪财的人，但他派出去不少伙计和线人在外面打听盗贼线索与行动，这笔很大的开销都由他自己私人支付，所以难免饥不择食，因手头紧张而滥收门徒，以得人"孝敬"。这也成了帮会广开山门、良莠不分的滥觞。但是做了督察长以后，黄氏明显谨慎很多，而且出手襄助也大多以政治投资为主。1922年6月，他就帮了蒋介石一把。三十年后，在一份交给上海军管会的《悔过书》中，黄金荣这样写道："蒋介石是我朋友虞洽卿介绍认识的，因为蒋介石那时候在交易所做事，有人欠蒋介石钱，由虞洽卿介绍托我代他讨债的。"蒋氏当时只是个普通的交易所商人，而黄氏以督察长之尊，竟然愿意"代他讨债"，可见，黄已经看到了蒋氏背后的孙中山和国民党的力量。

"廉政风暴"的后果

许多回忆录众口一词，都说黄金荣属于"青帮三大亨"之一。其实，黄氏刚刚混迹江湖的时候，青帮还没到上海滩发展，等他进入警界，因纪律约束，更没可能加入任何帮会。或许因为他所交往的人大多是青帮名人，故而旁人也就以讹传讹，混为一谈了。

青帮原本的势力范围是以淮安府清江浦为中心，沿运河两岸向北延伸，成员以苏北、安徽、山东人为主。直到清末，大字辈的青帮"老头子"才逐渐把注意力投向上海。当时的上海生机盎然又鱼龙混杂，许多富商求人身保障，都以加入青帮为荣。连反清的革命党为了更有利于安全地工作，也纷纷入会拜师。陈其美、蒋介石就是在辛亥革命前夕一起加入的青帮，他们的师父即是大字辈的张仁奎。张氏有个徒孙也很有名，即悟字辈的杜月笙。

不过对于普通游民来说，加入青帮并不能有什么帮助。1911年4月，已入会三四年的杜月笙被巡捕房抓了起来，罪名是"冒探索诈"。从1908年开始，上海租界所有的鸦片烟馆关闭，任何旅馆浴室如果收容客人吸鸦片，即属违法。杜氏探听到某旅店有住客在抽鸦片，就上前向店主敲诈五块大洋，不慎被附近的巡捕逮住。可见当时青帮基层人员谋生之不易，而且即使被捕，也不见帮内人士施以援手。

这次被捕的羞辱气得杜月笙大病一场，在床上躺了足足四个月才康复。从此他觉得帮会并不是安身立命的所在，想要出人头地，还得投靠有权有势的大人物，而那些大人物中，只有一位肯倾心结交底层游民，他就是黄金荣。

杜月笙很快如愿以偿进了黄宅。不过虽然生活安定，却没什么前途。住的是灶披间，干的是杂役活。但没几年机会就来了，法租界的一纸禁令改变了他的命运。

1917年，租界内的烟馆和烟土行全部关闭，反而激起猖獗的黑市交易。有鉴于此，法租界决定实施烟土公卖制度。杜月笙听到消息，提出联合张啸林成立"三鑫公司"以包销鸦片，让黄金荣居于幕后，协调和租界当局尤其是巡捕房的关系。

因为值钱，鸦片经常会遇到流匪抢劫，所以做烟土生意的要点不在"销"，而在"运"。为防止半途劫道，杜月笙为三鑫公司组建了保镖队伍，成员清一色都是他那些来自底层的青帮小弟兄。这些人都是混混青皮出身，没什么文化，倒也头脑灵活，而且身手矫捷，心狠手辣，他们押运的鸦片，没什么抢匪敢动脑筋。

以包销烟土赚取"第一桶金"后，杜月笙转而开立赌场。这也是租界当局既不禁、又不管的灰色地带，所以无论赌客还是赌场本身，非常容易受到抢劫。有些混混还怀揣炸弹冲进赌场，不给钱就拉出引线同归于尽。这样，杜月笙的"保镖队伍"又派上了用场。

如此贩毒庇赌的"好日子"过了十年，杜月笙一跃而成上海滩大亨，法租界公董局也请他担任华董。但此时的法国政府已经接到了许多举报，其中有公共租界工部局和警务处提供的翔实证据，对法租界当局的贪腐昏庸尽情揭露，并指出青帮日益坐大，已经危及当局的权威。有鉴于此，巴黎于1932年突然更换了法国驻上海总领事和法捕房正副总监，一场类似四十年后香港"廉政风暴"的反贪行动开始了。

租界当局对杜月笙的第一波打击，便是免去他公董局华董的职务，然后严禁烟赌。杜氏倒也是处变不惊，给新上任的巡捕房总监法伯里送去了一幅"金台面"——由二千两黄金打造的全套宴会餐具。不料法伯里毫不领情，还要杜月笙在《申报》《新闻报》上为此举公开道歉，并保证永不再犯，否则将其逐出法租界。

从现在来看，这是时势逼着杜月笙"转型"。幸好三年前，他"生平第一次规规矩矩办的事业"中汇银行已经开业，而且运营良好。既然不能重操旧业，杜氏只能心无旁骛，在金融业上做起了正经生意。

杜月笙虽然在上海滩呼风唤雨，权威赫赫，毕竟目不识丁，且是"白相人"（沪语"不务正业的二流子"）出身，因此上海的知名实业家对他都敬而远之。而一旦全心投入金融业和工商业，那些实业家发现，他待人热情诚恳，侠义为怀，又多谋善断，心机深沉，在生意上是好伙伴，在生活中是好朋友，在处事时是好参谋。尤其他的口头禅"闲话一句"，的确谈笑中排难解纷，为很多上层人士解决了不少麻烦。这使得实业家们对帮会和"白相人"刮目相看，著名金融家陈光甫、钱新之还在他的影响下加入了青帮。

众所周知，帮会本来是无业游民的互助组织，无论成员还是作风，都有着浓厚的底层气息。但随着杜月笙转入正行，他的一班徒众也纷纷"上岸"。工商实业家的加入，更是稀释了青帮的下层成分。杜月笙还不满足于此。他要求徒众不要再叫他"师父"或"老头子"，而要叫"先生"，他把徒弟也称作"学生"。这位"先生"还要求"学生"们不得一身短打，吊儿郎当，而要长衫马褂，文质彬彬。杜月笙自己就是这么做的。在现存的所有照片中，都能看到他衣冠楚楚，仪态俨然，根本不像秘密社团的头子，而像开山立派的宗师。

方法论大于世界观。既然帮会已经消解了其来自底层的粗鄙和暴虐，那么，当初产生的由头和能量已经不复存在，从社会学意义上来说，正是杜月笙自己一手消灭了青帮。吊诡之处正在于此，由不是青帮门徒的黄金荣开创的青帮时代，被青帮门徒杜月笙亲手结束。

04

饮食男女：街面上的金融故事

中国"食神"：冼冠生

舌尖上的金融：从苏州松鹤楼说起

导言 现在通常称之为"美食"的餐饮业,一直很深地影响着一个社群、一个城市甚至一个地区的民生形态和社会形态,直至最后渗入到文化形态。文化和餐饮总是相互影响,无始无终。以苏州地名为例,某些细节可以饶有趣味地印证这个观点。比如"养育巷",我们如果用吴语来念,会发现"育"的发音其实为"肉"。在明清两代,尤其在清代,如今的道前街、司前街向南到书院巷,一直是江苏省、苏州府、苏松太道、吴县等各级、各条线衙门的所在地,因此在这里上班出入的人,无论是官员还是胥吏,收入都很高,生活水平自然也要比普通市民优裕。

明代的记载已经不可考了,就清代而言,一般百姓的早餐,无非是大饼油条和豆浆白粥,但这些在道前区域上班的官员胥吏,一定要吃"苏州一碗面",而且还要吃档次更高一点、营养更丰富一点的羊肉面。于是乎,最迟到乾隆年间,与道前街在北面十字垂直的中街巷就布满了由无锡人经营的羊肉面店。时间一长,这条终月终年洋溢着羊肉香味的小街就被戏称为"羊肉巷",本名反而被淡忘了。后来,地方政府为了文雅起见,将其改称为"养育巷",但读音照旧。

民生形态、社会形态和文化形态中的某些特殊需求一旦广泛化,也会很深地影响餐饮业的走向。

中国"食神"：冼冠生

1941年，就在抗日战争最为风云激荡、如火如荼的时刻，身为国民政府行政院副院长兼财政部长的孔祥熙竟然下令调查一家名为"冠生园"的饭店，这是怎么回事呢？迄今为止，冠生园仍然是中国著名的食品品牌，以制作糕饼和糖果而著称。在二十世纪三四十年代，冠生园还经营餐饮业，作为全国著名的连锁商号，无论日占区还是国统区，到处都有冠生园的字号和经销点。冠生园的创始人冼冠生尤其是一位传奇人物。

从清末到民国，成功的企业家除了自身的勤奋、智慧和豁达以外，一般都有所背景——或经历了数代的奋斗和积累才有此家业，或得到某些贵人的提携得以一步登天。像冼冠生一般靠卖话梅花生等利润极薄的蜜饯小吃，一步一个脚印从赤贫奋斗到富豪，并创立延续至今的著名品牌的企业家，在历史上绝无仅有。

冼冠生1887年出生于广东佛山，自幼丧父，从小和母亲一起过着艰苦的生活。他只读了几个月私塾就辍学回家以打零工糊口，其文化知识完全来自日后的点滴自学。十五岁那年，有个远亲从上海回乡探亲，冼冠生的母亲央求他带自己儿子去大上海闯世界，这位远亲答应了，于是冼就成了这位远亲在上海开设的一家小餐馆的学徒。

他是个非常勤奋的人，做跑堂之余还在厨房帮忙，于是店主就允许他跟着大司务学习厨艺，并同时学会了糕点制作工艺。冼冠生是一位非常出色的厨师，据说任何菜品小吃只要他舌头一舔，就知道制作工艺和改进方法，是一位真正的"食神"。他做的菜如此好吃，以致自己信心十足，认为只要自立门户开一家店，定能在上海滩出人头地。

三年学徒期满，他也算是小有积蓄了。他先回乡娶了个同乡女子，然后把妻子、母亲接来上海，并教会她们制作糕点小吃的技艺，然后办了个大排档。这样他的积蓄基本花完，但认为只要自己勤恳努力，加上出色的厨艺，一家三口团结拼搏，这些本钱一定能够带来滚滚财源。哪知道事与愿违。仅仅半年，大排档便难以支持，关门大吉，而冼冠生再也没有力量重新开店，只能去城隍庙摆摊，卖他母亲和妻子在家里手工制作的糕点、蜜饯。

但是他的生意并不好。人流量少的地方没有顾客，而人流量大的地方，小摊贩会遭到维持秩序的衙役的驱赶。有一次冼冠生走避不及，竟然还被衙役抓进了衙门，罚了好几块大洋才了事。

就这样，他越做越穷，越穷越做，年纪已经快三十岁了，闯荡上海滩十几年，一点儿收获都没有，还是在起跑线上蹉跎，连边上的邻居朋友都在替他着急。冼冠生身材矮胖，绰号"大块头"（上海话"胖子"的意思），每当他垂头丧气地回家，邻居们总是半带嘲讽地说："大块头，又关门啦？！"他总是笑笑说，"没什么，另外想办法呗。"当然，他也是个聪明人，曾经总结过，他十来年一直不成功，不是自己厨艺或制作点心蜜饯的手艺不高明，而是摆摊地点太偏僻（热闹地方去不了，有衙役管着），人稍多的地方贫民又多，没有消费能力，而且自己本钱太少，经不起折腾和周转。

正在此时，一张报纸改变了他的命运。我们需要说明的是，冼冠生没有受过系统完整的教育，但是在十五岁后来上海做学徒的三年间完成了自我扫盲。而且他特别爱看报纸，并且把自己认为有价值的新闻报道和广告样章都剪下来贴好，几年下来攒了厚厚三大本，随时翻阅，爱不释手。1915年，冼冠生正在上海老城厢一个叫"九亩地"的场所摆摊儿，因为那里开了家叫"新舞台"的戏院。和往常一样,冼冠生的生意并不好,百无聊赖间,他捡起一张路人丢弃的报纸,上面的一则"豆腐干"新闻彻底改变了他的命运。

冼冠生看到的不过是一篇非常简短的报道:香港一家叫做"冠生园"的食品店虽然牌子很老,却因为经营不善而歇业了。这引起了他的思考。冼冠生在戏院门前摆摊,那些看戏的阔太太娇小姐们虽然对零食感兴趣,但终究嫌弃小摊上的食品不卫生而不愿光顾。如果将这些蜜饯果脯零食的包装纸上印上商标,不就显得"高端大气上档次"了吗?进而,冼冠生想到,这些顾客一边看戏一边去拿零食,可能觉得既不方便更不卫生,他索性多花点工夫,将牛肉干切成半寸见方的小块,每块都包上洁白的包装纸,话梅也每粒都加上包装纸,这样不就方便卫生了吗?

冼冠生在中国的餐饮食品史上创立了无数的"第一",这便是他最初的两个"第一"——(1)在小摊贩之中,他是第一个给自己的食品包装纸上印制商标的,那就是"香港上海冠生园";(2)在食品包装上,他是第一个开始每件每粒都有小包装的。如此,生意果然红火起来。他每天早上开始在自家租住的亭子间,和母亲妻子一起制作牛肉干和话梅等小零食,到了傍晚六点钟便一根扁担挑着到戏院门口叫卖,产品渐渐供不应求。

他生意如此之好,以致引起了戏院售票员薛寿龄的注意。这位薛寿龄的父亲是京剧名伶,自己也黑白两道通吃,颇有点社会声望,他发现冼冠生如此善于经营,就建议大家索性合伙开一家门店,总经理冼冠生,副总经理薛寿龄。冼当然乐意,于是薛找来另外四个股东,连自己和冼,每人出资五百元,共三千元,就在戏院门口开了上海第一家冠生园食品店。冼冠生连这五百元也拿不出,于是其他股东就答应他以技术和管理入伙。这就是冼后来经常津津乐道的"冠生园是以五百元起家的"之来历。而后来冠生园的员工更自豪自己老板"一条扁担打天下",指的就是冼冠生长达十几年的艰辛创业历程。在冠生园门店开设的时候，冼冠生已经快三十岁了。

二十世纪二三十年代的上海，原本生产销售的月饼都是苏式，而冼冠生开创了中国食品史上第三个"第一"——（3）第一次将广式月饼推向了江浙沪市场。为此他邀请了胡蝶来做广告，这是第四个"第一"——（4）电影明星第一次做食品广告。明星原本也做广告，但都是些舶来品，比如胡蝶本人就曾为力士香皂代言，而为国内食品宣传，还是首开先例。有趣的是，胡蝶本人也是冠生园的忠实顾客，因此她索要的报酬不是现金，而是冠生园的股份，当然，冼冠生也乐得如此。

一夜之间，胡蝶手搭大月饼的宣传画便遍布了东南地区和长江沿线的所有主要码头港口和火车站，那句广告语"唯中国有此明星，唯冠生园有此月饼"也脍炙人口，传诵一时。冼冠生从年轻时代开始，就喜欢研究广告，冠生园所有广告案，都由其一手策划。他为了推销莲蓉蛋黄月饼，顾客每买一盒，就会得到一张"赏月券"，顾客凭此券在中秋之夜坐上冠生园租用的轮渡，去吴淞口赏月。经此宣传，每年冠生园都会卖掉十几万盒月饼，利润近十万元，而租用轮渡的费用，不过几千元而已。

说起营销，目前我们熟知的一些促销手段当时已被冼冠生熟练运用，比如每周六、周日为"优待日"，购买某些特定的糖果，可以享受买一磅送一磅的优惠；又比如购买大号果汁一瓶，赠送印有冠生园商标的玻璃杯一个。这些方式未必是冼冠生的创举，但在上海和中国，他运用得最为得心应手。

作为一名"食神"，冼冠生最拿手的当然不仅是营销，更是食品的加工制作，尤其注重新产品的研发、生产和销售。冼冠生的学习愿望和学习能力非常强大。1933年，他特意率领公司高层访问日本，得到了日本森永糖果株式会社相赠的二十八箱糖果。回国后，冼对这些品种细细研究，每样产品都做了口感分析和化学检验，并讨论是否符合中国人的口味。比如行销至今的"鱼皮花生"，就是冼当时通过改进日本产品"花生豆"而发明的。太妃糖也是冠生园首次在中国仿制成功的。

抗战时期冼冠生长居重庆，某一天他陪同朋友去探访一位外国老妇人，发现她用于冲泡咖啡的白糖非常洁白细腻。当时的大后方商品输入困难，四川土制白糖甜度良好，但沉淀渣滓极多，不能被婴幼儿和病人食用。冼冠生就非常好奇地问老妇人，这白糖从何而来，答曰，是她自己用蛋清加工，从土制白糖提炼而来。于是冼马上回去叫来自己工厂的工程师，让他向老妇人学习。用此种方法炼制的白糖，冼命名为"洁糖"，并注册了商标后试生产。洁糖因为干净、细腻、甘美，很快得到了大后方医院、学校、幼儿园的抢购，日产量从一百斤迅速上升至两吨，还是供不应求。于是冼又用此方法，和中国银行合作设厂大规模生产，为冠生园又赢得了良好的口碑和利润。

当时的上海有三大食品厂，泰康以饼干的制作和销售领先，梅林以罐头的制作和销售领先。冠生园也制作销售这两样，但更著名的是蜜饯、牛肉干等糖果零食。冼冠生认为这样的话产品季节性太强（比如蜜饯因原料限制，只能做夏秋两季），不利于公司发展，于是决定在保持优势的前提下于餐饮业另辟蹊径。

冼冠生本就是厨师出身，但他对于餐饮业的贡献倒不在于在菜式方面的推陈出新，而是在服务方面的几大创举。在此之前，中国的餐饮业要么是以提供冷盆为主的小酒楼，要么是只提供宴会包桌的大饭店，一般不接纳零星顾客。而冼冠生所开的餐馆，创造了中国食品餐饮史上的第五个"第一"——（5）以大饭店的规模、装修和服务，全方位地向高中低所有阶层的消费者开放。冠生园重庆分店的餐饮部即有四百多个座位，以豪华高档的形象向大众开放，在提供名贵菜肴的同时，也提供普通百姓消费得起的盖浇饭、煲仔饭、艇仔粥甚至是阳春面。

让我们来列举一下冼冠生在中国食品餐饮史上所成就的其他"第一"——（6）将菜的分量定为大中小三份，价格各不相同；（7）高脚靠背有前挡的婴儿椅也是冠生园首次推出；（8）碗筷盆碟和擦嘴毛巾在清洗、过水以后一定要用高温蒸汽消毒；（9）餐厅厕所使用抽水马桶，并有专人负责定时清洁，毫无异味；（10）尤其是女厕备有镜子、面巾、香皂、梳子，供女顾客安心整理妆容……这些目前我们习以为常的许多餐饮业惯例，其实之前在业界并不存在，都是冠生园餐饮部在二十世纪三四十年代的创造，冼冠生的开辟之功，可见一斑。

经过十来年的奋斗，冠生园的扩张是如此蒸蒸日上，1929年的冼冠生志得意满，正在规划下一个十年的发展蓝图呢，突然收到一封律师函，说他所使用的"冠生园"商标实属侵权，现在，原商标所有人要向他索取巨额的商标使用费，否则立即对簿公堂云云。

冼冠生惊出了一身冷汗，急忙派手下去接洽了解。原来此事属实——香港冠生园是个老字号，虽然该食品店早在1915年就关门歇业，但注册商标还是保留在店主手里。这几年，这位店主渐渐获悉上海竟然也有个经营广式月饼、粤菜餐饮的"香港冠生园"，而且生意兴隆，就知道了自己的字号被人所窃取，因此委托上海的律师事务所来讨个说法。

冼冠生定了定神，于是想出了几个应对之策。第一，上海冠生园的"生"字商标是他自己设计并注册，和香港字号的商标外形毫无共同点；第二，香港字号仅仅叫"冠生园"，而自家字号是"香港上海冠生园"，重点在"上海"，和香港字号也不相同；第三，冼冠生其实当时还是叫冼炳成，他索性釜底抽薪，将自己名字改成"冠生"，意思是自家食品厂字号来自于名字而不是香港的同名字号。

对方律师被冼炳成（现在应该正式叫他冼冠生了）这种几近无赖的做法弄得哭笑不得，无计可施，最后只能鸣金收兵。冼冠生正在暗自得意呢，却在董事会上遭到了批评。大股东们不知道他这些改名的真实原因，叫着他的外号指责道："大块头，冠生园是我们大家的冠生园，而不是你一个人的，以后你不能用它做名字。"冼冠生真是有苦说不出，只是满脸堆笑地说："好，好，好。"事实上也只能置之不理。

从中我们也可以看出，在冠生园，冼冠生占有的股份、利益和话语权都很小，其实只是行政总监和技术总监，在经营方面，处处要受到董事会和大股东的掣肘。但他还是忍辱负重、兢兢业业，为企业、董事会和股东们创造了惊人的效益。以抗战时期为例，董事会和公司总管理处留在了上海，而冼冠生带领自己的工作团队奋战在大后方。八年下来，他在川滇黔凭空设立了五个分店，这些分店下面都有支店、食品厂、餐饮部（含西餐馆和粤菜馆），仅重庆分店就下辖四五百名员工。抗战胜利后，他从大西南向上海调拨资金以资重建，共计法币一亿元、美金两万元和黄金二百两，这还仅仅是他在西南赚得的部分利润。

那么，作为功勋如此卓著的管理者和经营者，他获取多少回报呢？仅仅只有每月一百元的薪金和每年一千元出头的分红（当时冠生园的骨干人员月薪也有七十到一百元）。而且他从不在外面另搞私人生意，生活也很清苦，不乱花企业一分钱。抗战八年，妻子留在上海，他独居重庆，每晚总是回公司楼上休息，从不在外留宿。

但即使这样，公司董事会对其仍有不满。抗战爆发后，原来和冼冠生相熟的几个大股东纷纷卖掉股票远走他乡，那些新接手的大股东大多是留在上海的洋行买办，和冼不相识，对冼也不友善。1943年，冼冠生开设冠生园成都分店，像往常一样，他觉得这种小事理所当然无须请示董事会，照惯例自己可以独断专行。没想到这些新晋大股东却无法原谅他，当即就给他停薪三个月的处分，令冼大为愤怒但无可奈何。

从中我们也可以知道，冼冠生无论对股东、银行还是下属，都非常宽宏。二十世纪三十年代初期是冠生园的高速发展建设扩张期，尤其是建造工厂需要大笔资金。冼冠生吸纳十几万私人存款以充作流动资金尚嫌不够，还向中国银行谋求贷款二十万元。中国银行上海分行同意了他的贷款请求，但也有附带条件，那就是派自己的干部陈嘉猷来担任冠生园上海总管理处的会计主任，以监督账目控制财务。对此冼冠生非常不满，认为这是银行对他不够信任，并且派外人来会束缚自己的手脚。

但是这种置气只是一时性的，冼冠生马上恢复了自己宽宏的本性，开始处处理解和配合陈嘉猷的工作。而陈氏的确是个出色的金融人才，又感激于冼的信任，投桃报李，将企业的财务打理得井井有条。此时正好是1934年，上海最大的饼干制造企业泰丰食品公司突然倒闭，很多存款于该公司的私人存户血本无归。这在上海引起了私人存户对于存款工厂的挤提风潮，冠生园也差点被瞬间冲垮，幸好在陈嘉猷的奔走劝说下，中国银行上海分行及时拨出一部分贷款才得以救济。但是资金毕竟捉襟见肘，冼冠生已经无力支撑。此时陈氏游说董事会，要求停发当年后三年内的股东红利，又解释说这次事故绝非冼冠生经营不善所导致。由于他是以银行代表和财经专家的中立身份，要求得到了董事会的同意，冠生园遂得以走出低谷。

有时候冼冠生也会显得非常急躁，尤其是当他觉得顾客利益受损的时候。1941年，他到重庆分店下面一个支店视察，发现柜台上一个学徒铁板着脸对顾客怒目而视。冼冠生向来以"人无笑脸休开店"来教诲员工，看到如此景象，厉声地斥骂这位学徒："你简直是要把顾客赶跑！"当时陪同视察的经理们都以为冼会开除这位学徒。但冼冷静下来后耐心打听了一下，才知道这个学徒一贯勤恳老实，只是生性鲁钝面容呆板，不善于门市部的接待应对工作，便对其不加处罚，调他进作坊干活。果然，没几年这个诚挚好学的学徒就青出于蓝而胜于蓝，本领超过了师傅，所制作的糕点之美味，在门市部卖得供不应求。他的事迹从此在冠生园内部传为美谈。

正当冠生园生意兴隆之际，抗战爆发，冼冠生即报效国家，在大后方设立罐头厂以提供给抗日军队所用，不可谓不爱国。但这个时候孔祥熙要对其企业进行调查，这是怎么一回事呢？1941年，几个国民政府的税务官来到冠生园重庆分店找冼冠生，说道："孔部长特别点你们冠生园的名——你们生意这样好，上税没有？"当时重庆冠生园尤其是餐馆的确在重庆生意极好，而且除了缴纳营业税之外，历年来也的确没有缴纳过一分钱所得税。冼冠生为了赖掉税款，就向税务官说，全国所有冠生园分店的所得税，都由上海总管理处统一缴纳，并附上了伪造的照片，说这是从上海寄来的完税凭证。

当时上海是敌占区。在国民政府辖区做生意，却缴税给日本人，冼冠生自己都觉得说不过去，于是又重金请来了当时著名的会计师潘序伦为自己说项。潘氏引用法条，向税务官说明，一切外地分号的税款的确可以由总部统一缴纳。税务官大为骇异，说这个法条适用于和平时期，你们如今向日本人缴税，岂不是"资敌"？并以此痛斥潘序伦，使之面红耳赤，落荒而逃。冼冠生看看硬顶不行，就转换手法，先是往后拖，实在拖不过再做假账，能应付一年是一年。这样一直挣扎到1946年抗战结束，此事也就无疾而终了。

抗战时期，冠生园的上海总管理处日子也不好过。公司位于漕河泾的农场和工厂被日军占领，整个上海地区的产量锐减。考虑到当时西南地区各家分支店陆续开业，而这些上海员工又闲着没事，于是在重庆的冼冠生叫在上海的副总经理薛寿龄将这些厨师和糕饼师傅派遣至四川。临行前，上海总管理处设宴为这些师傅饯行，还未终席，一群日军宪兵冲了进来，逮捕了薛寿龄。此为战时，在日本人眼里，任何人员、物资、资金从日占区流向国统区的行为，都会被视为"通敌"，将受到严厉的处罚。幸好褚民谊的出场救了薛寿龄。

早在二十世纪三十年代初，冼冠生就觉得日渐壮大的企业需要官场中强有力的庇护才能茁壮成长。为此他甚至去央求孙科入股，被严词拒绝。1934年，他四处央求，终于见到了时任行政院秘书长的褚民谊，极力巴结，逐渐博得了褚的好感。褚是医学博士出身，对食品行业倒是也有兴趣，因此最后答应入股两千元，并担任了冠生园第四任董事长。抗战爆发后，作为汪精卫的连襟，褚民谊跟随汪氏投敌，担任汪伪政权的"行政院副院长"。当他听说冠生园副总经理薛寿龄被捕，即出力营救，这场大祸才有惊无险地消弭了。

从清朝开始，到北洋政权，到国民政府，到抗战时期上海被日军占领，冼冠生经历了许多惊吓，冠生园经历了许多风雨，虽然屡屡损失惨重，最后还算平安度过。而且抗战八年，虽然国家离乱，在大西南的冠生园却经历了高速发展，作出了辉煌业绩。因此1949年解放的时候，冼冠生也没有什么担心。因为他虽然是冠生园总经理，自有资产却很少，并非大股东，而且作为人民政府团结对象的"民族资产阶级"，想必不会受到什么政治压力。只是他没想到的是，压力会来自自己的父老乡亲。

抗战结束后，冼冠生在广东佛山家乡的一群父老亲戚前来投靠，因为他们都没什么手艺，但碍于情面又不能不接收，于是冼冠生只能将他们安排在漕河泾的工厂制作蜜饯。蜜饯的来源以青梅为主，具有很强的季节性，只有夏末的几个月非常繁忙，还有就是年末销售旺季也很紧张，而其余时间都很空闲。这些亲戚远道而来，冼冠生又无法在空闲时将他们解雇，于是只能让他们没活干的时候在漕河泾农场包吃包住，但不发工资。

到了1952年"三反五反"运动时，这些父老亲戚纷纷站出来，控诉冼冠生是"资本家剥削"，他们在工厂和农场待一年，"剥削阶级"只发给他们半年工资。当然，这个指控冼冠生是无法接受的，他越想越想不明白，随着批斗的深入，心情愈发抑郁。终于，他走上了绝路。冼冠生作为一个以技术入股的职业经理人，其成功之道便是：勤奋、精明、宽宏，这三者缺一不可。当然，从后人看来，冼冠生或许是精明过了头，或许是宽宏过了头，但无论如何，作为一名由赤贫无所凭借、赤手空拳却能奋斗到全国知名的企业家，其创立的品牌经历了百年风雨，至今仍被消费者所使用和信任，冼冠生身上任何细节，都是值得我们尊敬和学习的。

舌尖上的金融：从苏州松鹤楼说起

清代以来，农历六月伊始，整个苏南地区都会发生一场大规模的全体性民俗行为，其人数之多，范围之广，和清明节的扫墓不相上下。在苏州，这场一年一度的民俗活动甚至成就了一个二百多年的餐饮业品牌，直至今天还熠熠生辉，骄傲地居于"中国餐饮四大名店"之一，这就是松鹤楼。

美食从何而来

在说"美食界"的故事之前，我们首先要知道，苏州美食从何而来？在清代，菜馆饭铺只是行商旅客聊以果腹的地方，并非美食的来源，而精致的菜肴、精美的点心，一向出自五个场所，那就是豪门、官府、书寓、寺庙、游船。

松鹤楼的崛起

松鹤楼究竟于何时开业，现在已没有资料确认。可以肯定的是，在清朝乾隆初年，这家店已经在市民中颇有影响。但我们需要知道的是，当时的松鹤楼不是饭店菜馆，并非是我们所理解的现代意义上的餐馆，而仅仅是一家经营苏式汤面的面馆。苏州人喜欢食用苏式汤面，而松鹤楼能够矫矫不群，一飞冲天，必定有其独得之秘。

作为苏州最年长的一个面馆，就其面条的品质而言，远不及后起之秀观振兴和朱鸿兴。当时甚至有本帮美食家这么讽刺，说到松鹤楼吃面呢，其实不要买面，光买个浇头就行，拿着到其他面店（如观振兴）去吃。这恰好说明，松鹤楼的面浇小菜，做得实在是好。

让我们回到清末的松鹤楼，看看当时具体情况如何。松鹤楼开业于18世纪后半叶，仅仅是一家面馆。当时的松鹤楼就在观前街上，玄妙观对过，楼上两开间门面，楼上一间。面馆是不接受点菜的，但楼下的柜台上，除了面浇头，还放着一排事先煮好的小菜，如酱方、小蹄髈、炒三鲜、毛血旺、焖肉豆腐等。这些菜惠而不费。炒三鲜本来就是面浇头，酱方和蹄髈是做面浇头焖肉和焖蹄时的副产品，如果焖肉隔了夜，就和豆腐一起红烧，也是一个菜。

松鹤楼的店面是租的两家，房东一个姓谈，一个姓杨。后者在隔壁开了家酱园店"杨同泰"，也兼卖酒醋。很多市民傍晚下班以后，就到这家酱园来买一壶酒，小酌一番，以解除一天的疲劳。一般酒家是不提供下酒菜的，最多是生山芋、马兰头。有些客人更节约，一个铜板买二十颗五香豆，可以喝一斤黄酒。但有些客人要讲究一点，所以酒家柜台上也会陈列一点白切肉、豆腐干之类的熟菜。"杨同泰"隔壁的面馆正好有更美味的小菜，不妨买过来佐酒。就这样，十九世纪的最后十年，正好是苏州的生丝业和丝织业开始萧条的时候，百业不振，松鹤楼却一枝独秀，生意日渐兴隆，1902年"转型升级"成功，改称"菜面馆"。

但真正使得松鹤楼面馆具有全市名声的，并非这些价廉物美的下酒菜，而是其招牌中的招牌——卤鸭面。

一两百年以来，苏州有很多美食家，也留下了琳琅满目的美食笔记。但令人惊讶的是，卤鸭面——当然，重点是面浇头卤鸭——究竟有多好吃？竟然没人留下细腻精确的描述，只是众口一词，将卤鸭称作是面浇头和熟菜（卤菜）中的第一，从清代中叶到1949年，一百年内无人超越。

苏州人吃东西，是最讲究时令的。就面馆浇头而言，冬天用青鱼，春天用草鱼，春夏之交用鳝鱼。到了夏天，所有水产都告竭的时候，卤鸭面上市了。待到初秋，就用新上市的草鸡，称为"壮鸡"（吴语"肥鸡"的意思）。也就是说，整个夏季，农历五六七月，正好是卤鸭的当令时节。正好，苏州的一项全体性民俗响应了卤鸭的上市，使得松鹤楼作为一家面馆，有了长盛不衰的根基。

明清时代，江南有到盛暑便吃素的习俗。相传农历六月廿四日是雷公的生日，因此一般市民从初一到廿四斋戒，称为"雷素斋"。斋戒前后都要吃点荤腥，然后去附近的道观雷神殿或城隍庙烧香祈祷，斋戒前叫"封斋"，斋戒后叫"开荤"。苏州的雷神殿，就在观前街上玄妙观中。据记载，每到农历六月初一前夕和六月廿四之后，苏州有七成以上的市民会去观中烧香，顺便到松鹤楼吃一碗卤鸭面，这样，"封斋"或"开荤"仪式就算完成了。

整个夏季，有超过七成的苏州人会两次去松鹤楼品尝卤鸭面，这个风俗整整持续了一百年。正是靠着这个口碑和业务量，也靠着柜台小菜越来越大的销量，松鹤楼才有信心从"面馆"升格为"菜面馆"。但这一来，却带给了这家百年老店前所未有的危机——破产。

真正的转型

我们首先要知道，清末的菜馆有什么规矩。现在客人下馆子，一般都是根据店里提供的菜单点菜，但在当时却正好相反，是客人想吃什么就点什么，在食材具备的前提下，无论多困难多复杂，菜馆一定要竭力提供。所以，一般菜馆都有着实力雄厚的厨师班底，以应付一些挑剔客人的需求。但松鹤楼原本只是一家面馆，无论灶头还是红白案师傅的配备，都不足以应付复杂的需求。所以1902年改称"菜面馆"以来，生意反而越来越差。老板徐金源内心焦急，却又彷徨无计，竟然没几年就抱病身亡了。

当时徐金源的儿子，也就是松鹤楼的少东家徐培根已经定居上海，对于店里的业务既不熟悉，也不感兴趣。店的生意虽然不及以往，毕竟还能维持，何况他的事业重心在上海，因此将店里业务全权委托给父亲生前的那帮原班人马，自己只是每年年底来苏州一趟，象征性地审核账簿，并收取红利。

当时的苏州，正遇到近代史上第三次打击。

辛亥革命之后，江苏省政府迁移至镇江，苏州从此失去省会地位，这个第三次打击非常沉重，而其摧毁性的效应，要用好多年才释放完毕。松鹤楼的问题当然更严重，原本生意就开始滑坡，懂行敬业的老东主又不幸去世，加上大环境崩溃，如此，1917年，少东家徐培根宣告破产清盘。

徐培根选择接盘对象是非常谨慎的，因为松鹤楼的清盘物品有两种：一种是硬件，那就是全店的家具、厨具等"生财家什"，另一种就是招牌。清代有一种惯例，就是清盘时商店的招牌不转让，只出租。比如黄天源是1821年创立的，不多年就成为苏州糕团行业的第一块金字招牌。五十余年后，因为后人不善经营而清盘，店里硬件折价一千大洋，而招牌是永久出租，接盘人需要每年向原东主支付大米十二石。因此，徐培根很担心接盘者的能力、资望、雄心不够，万一盘下店来却砸了招牌，那么岂不是他从此就少了一大笔稳定的现金收益？最后，经过详细地考虑，他决定选择张文炳做接盘者。

民国初年，苏州有菜馆一百家，基本上分布于两个地域：城西的石路地区和城东的临顿路地区。当时已经有"吃煞临顿路"的说法，其中名声最大的一家，就是开设在苹花桥南堍的"天和祥"，其老板张文炳，既是松鹤楼老东主徐金源的生前好友,也是当时苏州最著名的餐饮业经理和厨师。

这件交易,对于张文炳而言,是"近水楼台先得月",对于徐培根而言,是"一拍即合",最后成交的条件是,硬件盘出,也就是这些"生财家什"总共八百大洋;招牌的出租期为十年,每年大米六十石,分两次支付。

张文炳当即找了五位投资人,每人出资两百大洋,六人一千二百元。除了将生财家什一次接盘付掉八百元外,剩下的四百元大部分投入店堂的翻新装修。楼上楼下共计三十张桌子,门前观前街,门后兰花街。更重要的是,将面临观前的窗户都换成玻璃,显得亮堂气派,洋气十足。

张文炳对徐记松鹤楼的旧有员工进行筛选,只留下了三人:两位堂倌和一位熟悉老客人的外账房——也就是收银员。他还从自己的亲戚、学徒中挑选了已经成名的四个厨师加入,以充实厨房的力量。就这样,资金充沛,人员齐备,店堂崭新,招牌锃亮,一个旧瓶新酒的"和记松鹤楼菜面馆"正式开张了。

一场危机

以张文炳为经理的"和记松鹤楼"于1918年正式开张,其厨师的领班,也就是"掌作师傅",是张文炳的妻舅陈阿八。陈少年时代就跟着姐夫学习厨艺,到三十岁时名声已经超过之。现在松鹤楼作为"家底"的几十样应时菜式,全部是他设计、创制或是改良的。可以说,在技术上,陈阿八是松鹤楼的祖师爷。

当时餐饮业人员,无论堂倌还是厨师,收入并不高。堂倌主要是靠熟客的小费,而厨师主要是靠账房的总账拆分,还有就是将一些鸡头鸡脚烧制成熟菜卖掉。而作为"掌作"（即厨师长），经理张文炳要留住他，光靠亲情和小恩小惠可不行。于是和钱庄业一样，张文炳对陈阿八提出了一虚一实两个好处：虚的是"干股"，实的是"宕账"。

在钱庄业曾经发生过的麻烦竟然又产生于餐饮业。陈阿八耐心地等了七八年，始终没等到他的主管、师父和姐夫承诺的"干股"。1928年，张文炳和前东主徐培根重新订立了承租招牌的续约，股东之间的出资也作了调整，但陈阿八的"干股"却没有落实的意思。他一怒之下"解围身"，拂袖而去。事实上，张文炳曾多次向其他股东建议，赠送陈阿八干股，但均被拒绝。这次陈的辞职也激怒了股东，他们要张文炳清算一下，陈这八年来，一共有多少宕账没有归还，请一并结清。

正当纠缠不清之际，陈阿八也没闲着，在距离松鹤楼后门不远的太监弄开了间叫"苏州厨房"的卤菜店。陈可谓是民国早年苏州厨师中的第一块牌子，做点卤菜当然不在话下。没几天，"苏州厨房"便门庭若市，供不应求。

于是张文炳警告几个股东，说陈阿八做卤菜，生意再兴隆也不过是小打小闹，不成气候。但他的出走已经引起了松鹤楼竞争对手的兴趣。当时观前地区的太监弄尚未兴起，松鹤楼最强劲的敌人是位于大成坊口的丹凤楼。这是家徽州菜馆，早年也是以面店起家，其烹制的羊肉，一直是苏州第一。据传，他们正在和陈阿八商量合作事宜。几个股东一听，不禁软了态度。虽然干股还是不肯出，但毕竟答应了那笔数目非常可观的宕账，从此一笔勾销。陈阿八一听这个条件，也趁势找了台阶下楼，重新回到店里，一场风波消弭于无形之中。

但是，股东、经理、员工，这三者之间有永久的张力、永久的矛盾。如同宿命注定，十年以后，陈阿八的儿子和继任者陈志刚也"解围身"而出，张文炳的儿子和继任者张之钧无可奈何。又过了二十年，陈志刚重新入主松鹤楼厨房，而此时的张之钧早就远遁海外，不问世事了。

1929年末,开明大戏院曾特意邀请著名的京剧演员梅兰芳前来助阵。而梅老板当时最为心仪的苏州美食,就是松鹤楼那一道道精致美味的苏帮菜肴。

两位登峰造极的"苏州食神"

1929年的张文炳可谓是春风得意,他终于走上了事业的巅峰。如上所述,就在之前一年,国民党当局决定一口气拓宽苏州的十条商业主干道,其中有东西中市、临顿路、十梓街、道前街等,当然也有观前街。上次我们说过,松鹤楼的铺面并非自有,而是承租自谈、杨两家房东,那杨家还在松鹤楼边上开了家"杨同泰"酱园,兼卖酒醋,对松鹤楼的生意大有裨益。

这次改造,所有的临街门面都要缩进,杨家也拿到了一大笔补偿款。但他们没有用这笔钱翻修房屋,反而要求松鹤楼自己出资翻造,而杨家则用自己的地皮入股,从此成为松鹤楼的股东。松鹤楼的诸位股东当然不愿意吸纳这种产权不明的干股,于是提出"反要求",同意房屋翻造费用由松鹤楼全部承担,但要求杨家降低房租。两造相争,又是执拗了很久。后来经商界贤达多方调解,才达成协议,那就是房屋翻造的全部费用都由松鹤楼支付,杨家不得入股,但得以重修租约,将房租大大上涨了一截。

事实上,经过十年出头的奋斗,张文炳已经财大气粗,不太在乎这些小钱。新建成的松鹤楼上下两层,一共三百平米,其中二楼是九间大小包厢,楼下则是三十张圆台。当时整个苏州市区只有近百部电话,松鹤楼还特意申请了一部,当时苏州的大小报纸都刊登了这个八十六号电话,这样,附近旅馆客人订餐,无须跑腿,只要一通电话,堂倌就会送货上门了。

松鹤楼新屋落成于1929年11月,此时正好苏北水灾,苏州各界绅商假座东吴乾坤大戏院进行慈善义演,特意邀请了梅兰芳到场。梅氏抵埠的那天,地方名流邀请他去松鹤楼晚宴。当时张文炳已经年逾花甲,还亲自上阵,和陈阿八一起烹饪了一道道精美菜肴,给梅兰芳留下了深刻印象。当时他下榻韩家巷的鹤园,当即要求陈阿八留下为他烹制每餐的菜肴。等演戏完毕,梅氏离开苏州的前夜,乾泰祥布店的老板姚君玉在鹤园摆宴饯行,又是请张文炳和陈阿八下厨。这次梅老板吃得更加满意,在姚君玉付掉餐费以后,又特意打赏八十元大洋,以示谢意。

通过此役,张文炳和陈阿八"食神"名头最终确定。此后七八十年,苏州再也没有厨师能够比他们更加享有这种全国性的名声。

但此时张文炳已经老了,没几年就因病去世。遗憾的是,他的三个儿子没人继承他的厨艺,在家族中,"食神"已经后继无人。陈阿八也老了,也逐渐离开了工作岗位。但他和张文炳不同的是,他的精湛厨艺,已经被自己儿子陈志刚全盘继承。

1934年,张文炳去世,松鹤楼的管理权由其三十五岁的次子张之钧全面接手。此人精明能干,但从小养尊处优,对厨艺一窍不通,于是松鹤楼的厨房由陈阿八的长子,也就是张之钧的表弟前来负责。张文炳当年收徒,大部分是账房。但张是个全才,他还收了几个徒弟,不学烹调,专学账房,其中就有三十不到的殷志荃。就这样,一边账房,一边厨房;一个是师弟,一个是表弟,张之钧在殷志荃、陈志刚的辅佐下,得心应手,松鹤楼的生意比张文炳在世的时候更加红火。此时正好苏州国货商场开业,松鹤楼特意租下其第三层开设分店"大菜部",专门让陈志刚独挑大梁,生意盛极一时。

1937年1月9日,松鹤楼的名声再一次达到巅峰。这个周六的晚上,菜馆迎来了国民政府权贵,国民党江苏省政府主席陈果夫。在品尝了番茄虾仁锅巴汤以后,陈氏赋诗一首:

> 是名天下第一菜，色声香味皆齐备；
> 宴客原非专惠口，自应兼娱眼耳鼻；
> 此菜滋补价不贵，可代燕耳或鱼翅；
> 番茄锅巴鸡与虾，不独味甘更健胃；
> 燥与湿兮动与植，中外水陆品类萃；
> 勇能赴敌屈能伸，因物犹可长志气；
> 我今郑重作宣传，每饭不忘愿同嗜。

然后他又解释道："鸡有勇气，善于抵抗仇敌，且有合群的美德，虾能屈能伸，知道进退行藏，锅巴是坚硬的，番茄富有刺激性，以上这几种立身的道理，都是现在民众所极端缺乏，而应当效法的。"这当然是为即将到来的抗日战争鼓呼，但也是松鹤楼的美味的刺激，才使得他雅兴大发，有了这一番言辞。

"吃煞太监弄"

就在这时，战争果然来了。日寇的铁蹄踏破了苏南的和平，松鹤楼的员工也卷入了逃难的人潮中。更要命的是，陈志刚终究不甘屈居人下，他像自己父亲挑战张文炳一样，向张文炳的儿子张之钧提出辞职，在松鹤楼斜对面亲自创立一家餐馆。这是自1918年以来，二十年间松鹤楼从未遭遇的巨大挑战。

1937年11月日军攻占苏州。在之前淞沪会战的时候，松鹤楼已经发放遣散费，任由手下员工四处逃难或回原籍躲避，菜馆也只能暂时歇业。等局面稍稍安定，张之钧殷志荃即回到店里，准备复业。但当时百姓惊魂未定，同时回店的员工只有五六人。没办法，张之钧只能借用隔壁杨家酱园的门面，亲自操刀，下厨经营苏式汤面。其后不久，逃散的员工陆续回到店内，松鹤楼才算重新开张。

日本侵华时期，拙政园成了伪江苏省政府的所在地，成为所谓"省会"的苏州日益繁荣。此时的松鹤楼也是水涨船高。1938年，正好十年到期，又到了该重新订立合约的时候。"松鹤楼"这块招牌，还是按照原价和徐家续约，股东间的股权，也二十年来第一次重新调整。之前一共分六股，由张文炳等六位股东均分。如今三位股东已经退出或转卖股份，只留下三位，重新分配成二股半。其中张之钧兄弟和一位股东一家一股，另一位半股。股东们还同意赠送一小股给经理殷志荃作为"干股"。所谓小股即是大股的十分之一，股东们立下字据，自愿赠送，账目附在张之钧名下。

也就是说，松鹤楼的股份实际上分成了二十六份，其中一位股东五份，另一位十份，而张氏兄弟占有十一份。（其中一份为代殷志荃保管，殷只能每年领取股息，但不能将股金转卖变现。殷一旦因退休或辞职离店，该股份归于张家。这和清末的山西乔家给手下职业经理人的待遇，是完全相同的模式。）

早在二十年前，张之钧的父亲曾向陈志刚的父亲陈阿八作过"干股"的承诺，却八年内从未兑现，为此闹出一场极大的风波，虽然经人调解而平复，从此郎舅间面和心不和。又是十年过去了，轮到少东家张之钧当家，给了主管账房的经理殷志荃一份干股，却对主管厨房的"掌作"（即主厨）陈志刚不闻不问。何况陈还是张的亲表弟，而且陈在国货商场独力举办分店，为松鹤楼带来了巨大的名声和利润。然而，陈志刚却一丁点干股也没捞到。他越想越气，最终决定辞职。而且更狠的是，他开了个菜馆"鹤园"，就在大成坊门口，也就是松鹤楼的斜对面。他决定堂堂正正和老东家、老亲戚一争高下。我们上次说过，苏州菜馆的菜系，有五大来源，其中之一便是船菜。陈志刚开设的，就是船菜馆。船菜以菜肴精致、点心别致而著称。由于当时市面并不太平，因此船家渐渐歇业,"鹤园"便是船菜上岸第一家。

没多久,松鹤楼的生意损失了一半还不止。张之钧终日愁眉苦脸。但不久,他就想出一个绝佳的广告桥段——用苏州评弹来推广企业。他找到了在牛角浜的说书先生范玉山,让他想个办法。范老先生见多识广,就问张,松鹤楼始创于何时?其实只知道是乾隆年间,而不知道具体年份。范老先生当即就有了主意,既然清朝乾隆皇帝曾经六下江南,那说不定曾经来松鹤楼吃过面,甚至有一段故事呢?于是,没几天,范老便编了一个故事"乾隆大闹松鹤楼",插在他一直说的评话《乾隆皇帝下江南》。这个噱头显然不错。张之钧又制作了"乾隆始创,誉满全国"的金字招牌,白天金光闪闪,夜晚在霓虹灯的映照下光彩夺目,果然不多久就重新夺回了大批顾客。而陈志刚的鹤园船菜馆,也悄无声息地倒闭了。

在抗战之前,太监弄仅仅两家餐馆。随着苏州沦陷,在观前商圈开业的餐馆逐渐增多。1939年太监弄拓宽后,短短一百米就开了七家菜馆,而附近的鹤园船菜馆、粤系的新雅菜馆也陆续开业。加上观前街上老牌的松鹤楼和老丹凤,太监弄及附近竟然有餐馆十四家之多。因此,进入四十年代后,即有"吃煞太监弄"的说法,流传至今。

最后说一下:什么是金融?很多人把金融仅仅看成货币、股票、债券,但著名经济学家、耶鲁大学教授陈志武却有不同的看法。他曾说过:"实际从更广意义来说,所有涉及跨越时间、跨越空间价值配置的交易,或者人际间的利益交换都是金融。"他甚至认为,"包括生小孩,在小孩身上的投资,老了以后有所养有孝敬回报等,也是一种金融的实例。"最后他总结道:"金融的核心是跨时间、跨空间的价值交换,所有涉及价值或者收入在不同时间、不同空间之间进行配置的交易都是金融交易,金融学就是研究跨时间、跨空间的价值交换为什么会出现、如何发生、怎样发展等。"

附录：中国近代金融史纲

民国之前中国的金融状况

基础货币

清政府对于金融业缺乏制度性的管控措施，但对于金融本身，还是有着明确的制度。这主要体现在币制方面。当时中国实行"平行本位制"，即银铜复本位制。但问题在于，政府只对铜钱的铸造进行监管，严禁民间私铸，但对于白银的铸造及流通，却采取放任的态度。

在清朝初期，已经确定"大数用银，小数用钱"的货币政策原则，并规定一千文铜钱兑换一两白银的流通原则。但在具体实行中，银两的重量、成色和计量单位非常复杂和混乱。甚至中央政府、地方政府和各部门间自行其道，有"库平"（37.301克）、"漕平"（36.65克）、"司马平"（37.797克）等不同的衡度标准。

为应对这种混乱的局面，民间商人逐渐摸索出一套兑换方法，并设立"规元银"这种虚拟记账单位。举例说明，当时一锭元宝为五十两纯色白银，折合成纹银差不多是五十二两七钱，再以"规元"计数，那么进账五十两元宝，在账簿上必须记录为"收到规元五十三两七钱七分五厘五毫"。有了如此统一的记账标准，各行各业的白银交易和兑换就有了清晰的规范。

银元的普及

中国在货币交易上接纳外资注入,早在嘉庆年间(1796—1820)就开始了,其标志便是银元的普及。在此之前的乾隆后期,苏州、松江等对外贸易比较发达的地区,已经专用外国银元,其流行最为普及的,是被市民称为"佛头"的西班牙银元。

一般而言,外国银元产地无论是西班牙、墨西哥还是美国,其一枚都折合纯银七钱二分,而且除墨西哥"鹰洋"之外,成色都非常统一,便于交易和计算。由此,在口岸地区银元事实上已经取代传统银两,成为大宗交易的主要货币。1843年上海开埠,来这里的外国商人惊喜地发现,上海、苏州、宁波、杭州等地的商人早就通用银元了。

外资银行的进入

1847年,"丽如银行"(Oriental Bank)在上海开业,这是英资银行,也是外资银行进入中国境内的开始。随后,被香港称为"渣打银行"的麦加利银行(Standard Chartered Bank)和汇丰银行分别于1858、1865年在上海开业。汇丰银行于1874年开始了针对清政府的政治借款,从此深入地纠缠进中国的政经旋涡,自身也发展成亚洲最大的银行之一。由于身处租界,因此这些外资银行发行纸币(银元兑换券),不受中国政府的监管。

中央政府加强金融管控

十九世纪末期,全球金融态势发生重大转变,明显的标志就是金本位制的确立和中央银行的设立。清政府也起而应对,朝这两个方面缓慢转型。

金本位制

当时中国富商有囤积银两（银元）的习惯，使得白银沉淀，不再进入流通领域。如此造成银价高昂，原本一两白银折合一千文铜钱，在光绪年间已经上涨到一千六百文铜钱。而且随着世界各国纷纷转为金本位制，全球金价逐年高扬。1873年，中国市场金银比价为1∶15.93，到1909年，上涨至1∶40.29，三十六年间涨幅为2.53倍之多。如此，清廷不得不考虑，是否要改为金本位制。但是此时朝廷重臣各执一词，意见很不统一，因此这一项币制改革成为悬案。

中央银行

1897年中国通商银行的设立是洋务运动的产物，具有"官督商办"的性质，尚未具有中央银行的功能。1905年，户部银行成立，后改名为大清银行。这是中国第一家具有国家银行性质的现代化银行，主要业务在于发行纸币，以及经理国库事务和政府公款的出入。1911年3月，该银行开始缩小普通银行的业务，以战略性、政策性的"维持币制，活动金融"为己任，准备正式转型为中央银行，但10月辛亥革命的爆发打断了这一进程。

金融风暴

1910年7月，全国性金融危机"橡皮股票风潮"爆发。橡皮股票就是以种植橡树、割取树胶为业的公司发行的股票。1909年发生世界性的橡胶涨价，导致市场上橡胶业股票迅速看涨，票面额六十两白银的股票被翻炒至一千五百两之高。但是，随着美国政府对橡胶消费限制令的出台，国际橡胶价格又大幅度回落，橡皮股票的交易价也开始暴跌。这使得外资银行开始对市场失去信心,拒绝收取钱庄开出的庄票,并停止拆借而收回欠款。这一系列举措,加上辛亥革命在华中的外贸重地武汉爆发,使得上海53%的钱庄倒闭,损失总额超过二千万两白银。

币制混乱,金融行业缺乏监管,外资银行独大,金融环境恶劣。就在这种严重的态势下,中国进入了1912年,进入了中华民国。

北洋政府的金融局面

财政上的困窘

辛亥革命胜利后,1913年3月,袁世凯在北京就任中华民国临时大总统;并于1913年10月被第一届国会选举为正式大总统。但是这个总统位子的压力非常之大,新生的中华民国首先要面对的是财政上的困窘。当时清廷的中央财政收入为一亿九千万元,其中92%来自全国各省的财政上缴。但到了1912年,中央财政收入只有三千万元不到,且军费膨胀,入不敷出。

由于财力的困乏,中央政府只能靠向外国银行借款度日,而且许多有意义的财政金融措施也难以推行。

币制统一

清末白银已经成为主要货币。但当时政府并不铸币,市面流通为民间熔铸的银两和外来银元。一方面,这种"两元并行"极大程度地妨碍了各地各界的金融交流;另一方面,外国货币的通行也损害了中国的金融主权。更重要的是,由于政府在货币发行方面的缺席,使得中央已没有任何货币本位可言,无论朝哪个方向改革,都没有事实基础。

有鉴于此,袁世凯政府于1914年2月颁行《国币条例》,决定发行重量七钱二分的一元银币,正面为袁世凯头像。被后世俗称为"袁大头"的国币是中国近代史上第一次确定法定货币,也标志着银本位制的确立。

金本位制无法推行

《国币条例》的实施细则中说明,中国实行银本位制只是权宜之计,其最终目标是实行当时已经为国际惯例的金本位制。1915年8月,财政部颁行该条例的修正案,决定发行面额为十元、二十元的金币,以为过渡到金本位制做准备。

但随着袁世凯的去世,此事没有了下文。1918年8月,段祺瑞政府决定整理币制,发行"金券",以正式实行金本位制。但由于当时国内军政分裂造成的财政混乱,这一政策没有得到有效推行。整个北洋政府时期遂以实行银本位制而告终。

银元行市的统一

清末中国银元行市,以墨西哥"鹰洋"为主。1915年1月,被称为"袁大头"的国币正式面世,逐渐取代了外国银元的地位。本来外国银元占完全的主导地位,据财政部统计,1917年10月,上海市面上流通银币近一千五百万元,其中中国币只有一百余万元。1919年6月,上海金融界借着五四运动的反帝风潮,决定取消外国银元的行市,而代之以国币为主币。到1927年底的数据,国币"袁大头"的市场份额已经占据三分之一。

民间金融业的勃兴

中国北方金融业的发展

自从清朝乾隆年间开始,华北的农业就开始欣欣向荣,无论品种还是产量都逐步和南方接近。检验一个地区农业的进步程度,需要考察其经济作物的种植面积在整个农业生产面积中的比重。据调查,民国的整个华北农村,差不多有7%—10%的农田种植棉花,26%—47%的农田种植花生,20%—40%的农田种植烟叶。大量经济作物的种植标志着农业产品商品化的转型,也为华北地区工业化进程提供了物质保证和资金保证。

中华民国的建立和1914年7月欧战的爆发,导致国内的民主化历程加快,列强无暇在亚洲加大经济压迫,这两个原因分别从内外刺激了中国民间金融业的现代化改造,现代意义上的金融机构纷纷诞生,最著名的有所谓的"南三行",即上海商业储蓄银行、浙江兴业银行和浙江实业银行,也有所谓的"北四行",也就是盐业、金城、大陆、中南四大银行。"北四行"的主要根据地是天津。

"北四行"的力量

这些北方金融家和北洋政府(及其官办银行)都有着密切联系。盐业银行创办人张镇芳是大总统袁世凯的姻亲;金城银行创办人周作民是安徽督军倪嗣冲的财政幕僚;大陆银行创办人谈荔孙是中国银行南京分行经理,也是总统冯国璋的金融顾问;中南银行创办人胡笔江是交通银行北京分行经理。

因此整个北洋时期(1912—1927),由于天时、地利、人和之具备,"北四行"发展迅速,并在发展之中逐渐联合。1922年,这四家银行组建"四行联营事务所",随后又组建"联合准备库"和"四行储蓄会"，成为现代意义上最重要的民营战略银团。到1927年，"北四行"实收资本达到二千七百万元，与之比较的是，包括"南三行"在内的其余二十七家民营银行实收资本总额为三千二百四十万元。

上海证券物品交易所的成立

1917年1月，由孙中山领衔，虞洽卿、戴季陶、张静江等人附议，向北洋政府农商部申请成立"上海交易所"，从事证券和物品（花纱、金银、布匹、皮毛等）交易，北洋政府只批准进行证券交易。后因张勋复辟和孙中山南下护法，此事遂延搁下来。经虞洽卿等人的数次努力，上海证券物品交易所终于在1920年7月正式开幕。当时每股三十元，孙中山、蒋介石等国民党人均有参股，或者代表国民党入股。主要经营者有张静江、陈果夫等人。按照当时约定，盈利所得当贡献给党组织作为革命经费。

蒋介石的投机商生涯

从设立到创建，孙中山对于上海证券物品交易所都倾注了大量心血。但随着1920年11月再度南下护法，他将经营任务转交给了张静江等人。这段时间蒋介石对于自己的职业前景也游移不定，既想出国考察，也想自我创业，甚至想成为一名"做棉花、棉纱买卖"的经纪人。证券物品交易所的设立，正好满足了他这一愿望。

交易所自身也发行股票，称为"自有股"，原始股价三十元，蒋介石主要是和张静江、陈果夫在一起从事这种股票的投机炒作。交易所以一百二十五万元的实收资本额，半年内就盈利五十万元，导致自有股的大幅度上涨，最高甚至达到每股一百五六十元，蒋介石从中获利颇多。

因此，他这一两年常徘徊于军事前线、上海交易所和奉化老家之间，对于今后的生涯规划一直举棋不定。

"信交风潮"

由于证券物品交易所丰厚的盈利，使得许多投机商纷纷效仿，到1921年9月，上海的各类交易所竟然达到一百三十家，而许多为交易所提供资金支持的信托公司也应运而生。这些信托公司一方面从钱庄吸纳资金，另一方面用这些资金在交易所从事投机炒作。当钱庄发现交易所股票估价虚高，已经超过原价六七倍的时候，产生信心危机，及时采取收缩方针，不再对信托公司放款，导致股票投机者资金运转失灵，信托公司和交易所纷纷倒闭。这就是继橡皮股票风潮后又一次大型金融危机——信交风潮。

对于蒋介石的影响

这次风潮的直接后果就是原有的一百三十家交易所基本上全部倒闭，到风暴过后只剩下六家。上海证券物品交易所虽然能够幸存，但张静江、陈果夫、蒋介石的股票投机活动全面崩盘，血本无归，蒋介石在上海开立的投资公司甚至付不出蒋经国十五元的服装费。这次风潮对于蒋介石打击很大，使得他明白自己在金融方面并非长才，今后不应该以此为业。此后蒋介石虽然还不时处理交易公司的收尾工作，但自1922年10月之后，他已经决心专门从事军政工作，对于金融行业不再涉足。

国民政府"中中交农"四行体系的形成

中央银行的设立

近代以来,清政府就有设立中央银行的打算,但到1928年11月,这一构想才由国民政府付诸实行。中央银行总行在上海,分行遍布全国。第一任总裁为宋子文,第二任总裁为孔祥熙,其后是俞鸿钧、贝祖诒、张公权、刘攻芸等人,他们都是民国时代最著名的金融家。央行的职能,主要是统一国家币制,统一国家金库,调剂国内金融。在法币政策未施行之前,央行既铸造国币银圆,也发行银圆兑换券;央行还对外汇、金银买卖进行审核和管理。

中国银行、交通银行的国有化

中国银行、交通银行原本都是清政府设立的国有(官办)银行,设立以后,延及北洋时期,还承担了部分中央银行的职能。但随着股权结构中民间商股的增加,这两家银行在北洋政府时期逐渐摆脱了国家的控制。

国民政府成立后,训令中国银行改为国际汇兑专业银行,交通银行改为全国实业发展银行,分工协作,效力国家。国民政府也逐年加大对这两家银行的官股注入。1935年,名为"白银风潮"的金融危机爆发,为了能形成集团抵御危机,并进一步统一币制,国民政府加大注资力度,使得中国、交通这两家银行基本完成国有化进程。

农民银行的设立

中国一向以农业立国,因此,如何帮助农民解决生产生活问题,一直是有良知的金融家、政治家考虑的问题。国民政府成立后,农业合作运动开始大行其道，其背景是国民党中的重要人物，如陈果夫等一向是该运动的主张者，如今政权在手，便逐渐用金融作杠杆，以资金带动生产，以生产固化信用。

上海商业储蓄银行总经理陈光甫等金融家也站在社会责任的角度思考这一问题，并追随国民政府，在广大农村进行小额农业贷款和农村合作事宜，为这项运动积累了丰富的社会经验和金融经验。1932年11月，国民政府在华中地区成立农村金融救济处，渐而发展成"四省农民银行"，并在此基础上，于1935年6月成立中国农民银行，主要办理农业小额信贷和农业债券发行，以国家的力量推行农村合作事业。

币制改革

"废两改元"正式实施

国民政府成立时期，全国通行货币为银圆，其中三分之一为北洋政府发行的国币"袁大头"。但民间记账依然是沿用清朝中叶的旧规，即以虚拟银两"规元"为计数单位。支持"两元并行"的为全国大部分钱庄，因为在两元兑换中，这些钱庄有利可图，但币制改革不容等待。1933年4月，财政部明令"废两改元"，确定银圆为唯一本位币，全国任何商业、金融交易只能用银圆记账，并规定了一枚银圆折合七钱一分五厘规元的换算率。至此，银两在全国范围内被正式废除，经历千余年的银两制度从此退出货币制度，再也不复存在了。

"白银风潮"爆发

当时美国政府为缓解二十年代末大萧条带来的通货紧缩，于1934年6月实行《购银法案》，开始白银国有政策，并向全世界收购。受此政策影响，全世界白银价格于一年内猛涨两倍半，中国的白银也因此大量外流。由于中国实行银本位制，白银的巨额外流造成了支付不足以致银根紧缩，物价大幅度下跌，导致出口量下降，工厂严重开工不足。受灾最严重为天津和上海的房地产市场，当时交易额只有早先的十分之一。随着房地产价格的急剧下跌，原本以房产抵押为主业的银行、钱庄饱受冲击，一年之间，上海有二成的民营银行和钱庄破产。这就是中国近代史上又一次大型的全国性金融危机"白银风潮"。

孔祥熙力行法币政策

1933年11月，已经是中央银行总裁的孔祥熙被特任行政院副院长兼财政部长。他临危受命，用币制改革来应对危局，即实行汇兑本位制，发行不兑现纸币（即法币）来回笼市场上正在外流的银币，将其出售给美国。由于法币对于银元有币值上的虚估，因此一旦发行便造成事实上的货币贬值，以期产生通货膨胀，以此来刺激物价回升，达到经济回暖的目的。对于1935年11月正式施行的法币政策，有历史学家评论道："法币政策使中国摆脱了1934—1935年的金融危机，……实行纸币流通制度符合世界币制发展的潮流，而且客观上又为抗日战争做好了币制上的准备。"法币政策还使国民政府回收了大量白银得以出售给美国，换回的外汇成为支持抗战进行的有力财政保证。美国财政部的档案显示，从发行法币的1935年到珍珠港事变爆发及美国全面援华前夕的1941年，中国政府共向美国政府出售了五亿五千万盎司的白银，换回了二亿五千万美元的外汇，用于战时粮饷械弹的采购和支付。

抗战时期中国的金融危局

逆势而上的财政积累

1938年元旦,孔祥熙升任行政院院长,仍兼任财政部长和中央银行总裁。虽然两年后将院长职位主动让给蒋介石,但仍全权负责行政院事务。到其远离政坛的1945年为止。根据中央银行的档案记录,在抗战爆发前夜的1937年6月,中国政府拥有的金银外汇储备总额为三亿八千万美元,其中黄金四千五百万美元;而到1945年7月抗战胜利前夕他辞去所有职务的时候,国库拥有美元九亿,黄金六百余万两,合计金银外汇储备十二亿美元。

弱国的生财之道

1941年12月太平洋战争爆发以后,美军进入中国。因战争需要,美军在四川、云南等地修建了许多机场。由于在中国采购生活物资和支付修建机场的劳工报酬都需要用法币支付,美军就直接在黑市上用美元兑换。按照官方牌价,一美元能够兑换二十元法币,后来上涨到四十元;按照黑市牌价,一美元能够兑换一百元法币,后来上涨到二百元。美军去黑市兑换当然是中国财政的损失,孔祥熙及时阻止了这种行为,声称这些生活物资的采购和劳工报酬的发放先由中国政府用法币支付,最后向美国政府用美元结账。

1944年7月,孔祥熙乘赴美参加国际货币基金会议之机,要求美国偿还六亿美元的欠款,这和美国印象中的一亿多美元的数额,差距甚远。最后经两方商议,同意欠款总额确实为六亿美元,部分支付现款,部分以战争剩余物资抵债。这些所谓的"剩余物资"其实不过是即将过期的罐头、香烟,还有服装和汽车,但孔祥熙毕竟为中国讨要到了二亿二千万美元的现款,这对于当时已被八年抗战基本拖垮的中国财政而言,无疑是一剂强心针。

战后的金融崩溃

苏州籍金融家贝祖诒

1923年宋子文在广州为孙中山筹办中央银行并于翌年担任行长,曾为平准筹款事宜赴香港金融界商谈,时任中国银行香港分行经理的苏州籍金融家贝祖诒给予贷款五十万元,自此以后,他和宋子文成为莫逆之交。贝祖诒一方面是中国银行的高层管理者和中国外汇管理的顶级人物,另一方面,由于宋子文长期掌管国民政府的财政金融工作,身为中央银行理事的贝祖诒也成为国家金融政策的制订者和执行者。国民政府废除银本位制,改革货币管理制度,发行全新的纸币——法币以维持市场信用,进而面对东亚越来越紧张的政治局面和军事挑战,这一过程,贝祖诒自始至终都参与其中。

宋子文的金融政策

1946年3月,随着宋子文担任行政院长,贝祖诒作为宋氏最忠实的追随者和最信任的操作者而履新中央银行总裁。1946年的中国暗流汹涌,抗战造成的大量失血远未复原,国内某些势力又剑拔弩张,随之而来的通货膨胀可以想见。为此,由贝祖诒参与拟订而全力执行的稳定币值政策出台了:一方面开放外汇市场,另一方面实行黄金配售,意图释放央行库存的美元和黄金,来换回民众对于国家纸币的信心。

金融崩溃的"罪魁祸首"

根据当时任中央银行稽核处处长李立侠的回忆,在1946年底到1947年初这段时间,因为抛售政策,国库外汇损失三亿五千万美元,黄金损失达三百五十万两,占一年前库存的四成之多。蒋介石曾为此公开批评宋子文道:"特别是民国三十六年(1947)间,行政院宋院长擅自动用了中央银行改革币制的基金,打破了政府改革币制的基本政策,于是经济就在通货恶性膨胀的情势之下,游资走向投机垄断,正当的企业不能生存,中产阶级流于没落,社会心理日趋浮动之中,经济崩溃的狂澜,就无法挽救;这是大陆经济总崩溃最重要的环节,亦是今后经济事业最重要的教训,不可不特别警惕。"

挽救之道:金圆券

为对应金融崩溃的局面,1948年8月,蒋介石决定实行金圆券政策,以法币三百万元折合金圆券一元。南京政府还规定取消金银外汇的自由交易,由政府统一收购。两个月间,国民党政府通过这一政策从民间回收了金银外汇折合美元近二亿元,其中黄金一百六十六万两。这为当时的内战注入了金融支持,但也饮鸩止渴,为其后的金融总崩溃铺平了道路。

逻辑混乱的金融对策

按照国民党政府的训令,用金圆券收兑民间金银外汇的截止日期为9月30日。但到了当天,政府又宣布延长收兑期限一个月。这无疑宣告当局的纸币发行准备金不足,由此市场信心崩溃,普通百姓纷纷抢购物资,富商豪门尽力囤积居奇,经济和金融的力量冲破了南京政府的金融管制和限价政策,财政部长王云五引咎辞职。国民党政府又于11月底重新开放金银外汇的自由交易，引起了市民抢购，一周之内，仅上海一地就流出黄金二十万两。整个开放金银存兑时期共一个多月，由中央银行流向民间的黄金高达五十万两之多。

金圆券的破产

由于限价政策的失败，金圆券剧烈的通货膨胀不可避免，发行量不断冲向新高。有鉴于此，当时水电费均以美元来计算单价，而民间交易改用银圆。1949年1月，由于金融、军事、政治的多重失败，蒋介石黯然下野。2月，代总统李宗仁颁行《财政金融改革案》，宣布完全开放外汇金银的自由交易，承认民间银圆交易的合法，并明令一切军费开支均统一用银元结算。这事实上宣告了金圆券的彻底破产，而此时的国民党政府也已经岌岌可危，距撤离大陆已经为时不远了。

出版后记

一部以皇权为中心的垄断史，只会为人民展示为统治阶级利益服务经过加工的历史。在权力之外，人们看不到其他促进社会发展的力量。事实上，一度被渲染为流着鲜血的资本，恰恰是最值得当下读者回味的。

无论是研究中国经济还是金融，都必须把非市场因素计算在内，甚至要把所研究对象与当时的权贵、军阀的私人关系计算在内。试图用数据和图表来读懂中国的金融，可以说是徒劳，因人物关系所带来的种种传奇显然更加引人入胜。

中国基金博物馆在筹建过程中，系统地研究和梳理了金融史，从浩瀚的史料中发掘出一系列与金融相关的重大历史故事，力求通过这些故事再现金融历史场景，引导读者体验金融观念，从而把握历史进程中人们意识形态的进化节律。本书汇集了从这些故事中精选出来的15篇经典。

许敬先生是知名的民国史专家，以逻辑严谨、观点新颖著称，他的创作赋予了这一系列故事丰富的知识性和强烈的可读性，雅俗共赏，使本书成为市场上少见的高品质金融普及读物。

后浪出版公司

图书在版编目（CIP）数据

金融是本故事书/许敬著.—厦门：鹭江出版社，2016.4（2016.5 重印）

ISBN 978-7-5459-1132-9

Ⅰ.①金… Ⅱ.①许… Ⅲ.①金融－经济史－中国－通俗读物 Ⅳ.F832.9-49

中国版本图书馆 CIP 数据核字 (2016) 第 049309 号

JINRONG SHIBEN GUSHISHU

金融是本故事书

许　敬 著

出版发行：海峡出版发行集团　　鹭江出版社	
地　　址：厦门市湖明路 22 号	邮政编码：361004
印　　刷：北京京都六环印刷厂	
地　　址：北京市通州区永顺镇刘李路 6 号	邮政编码：101101
开　　本：690mm × 960mm　1/16	
插　　页：2	
印　　张：13.5	
字　　数：120 千字	
版　　次：2016 年 4 月第 1 版　2016 年 5 月第 2 次印刷	
书　　号：ISBN 978-7-5459-1132-9	
定　　价：36.00 元	

后浪出版咨询(北京)有限责任公司常年法律顾问：北京大成律师事务所　周天晖 copyright@hinabook.com
未经许可，不得以任何方式复制或抄袭本书部分或全部内容
版权所有，侵权必究

本书若有质量问题，请与本公司图书销售中心联系调换。电话：010-64010019